OYE, ¡CÁNCER! Cumplo Años ¡otra vez!

RAFAEL (NUNI) CUEVAS, JR.

NEW VISION
PUBLISHING HOUSE

OYE, ¡CÁNCER! CUMPLO AÑOS OTRA VEZ
DERECHOS DE AUTOR © 2021 RAFAEL CUEVAS JR.
Todos Los Derechos Reservados

ISBN: 9780578514895
Publicado por: New Vision Publishing House
Tampa, Florida

Dedicatoria

Jamás me imaginé mi vida plasmada en un libro y mucho menos que fuera de inspiración para muchos. Es por esta razón que hoy, dedico este proyecto primeramente al autor de mi vida, Jesucristo. Gracias Jesús por ser mi amigo fiel. Mi dulce compañero. Mi Padre. El pañuelo de mis muchas lágrimas. Tú nunca me has abandonado. Siempre has sido fiel a Tus promesas. Me has dado vida y vida en abundancia. Tu amor es eterno. Gracias por escogerme para hablar de Ti. Todo lo que tengo y lo que soy, lo debo a Ti. Servirte es mi honor y gran privilegio. Anhelo el día en el que por fin pueda abrazarte y besar Tu bello rostro. No importa que pase en esta vida, Tú y yo siempre seguiremos siendo amigos. Hasta que yo muera viviré en esta tierra dándote toda la Gloria, la honra y las gracias.

A mi bella y hermosa esposa, Shaina Marie Cuevas. Por amar a Dios sobre todas las cosas. En esta vida jamás he hallado alguien que embarque tanta Fe como tú. Debido a tu confianza en Dios, ninguno de mis sueños, parecen locuras para ti. Eres el motor que los hace realidad. Gracias por abandonarlo todo para seguir a Cristo y a mí. Yo agradezco la manera en la que siempre cuidas de mí. Dios mostró su precisión cuando te escogió para mí. Todos los días, eres mi inspiración. Hoy, este libro existe, gracias a Dios y a ti. Te amo bebé.

Agradecimientos

A mi Papá, El Pastor Rafael Cuevas Sr.

Gracias por entrenarme para lo que sería la pelea más difícil y más desafiante de mi vida. Te agradezco por todas las noches donde juntos oramos y ayunamos. Las muchas horas de estudios bíblicos no solo me prepararon para ser el hombre que en la actualidad soy en Dios, si no también para la pelea contra el Cáncer. Papi, no llegamos al boxeo pero a través del mensaje de Jesús alcanzamos los corazones de miles de personas. Tú siempre serás mi héroe y yo tú "Macho Man".

A mi madre, la Pastora Lourdes Cuevas

Gracias por cuidar de mí en aquel hospital. Porque nunca cesaste de orar para que yo fuera sanado de cáncer. Sobre todo, te agradezco por darme el regalo de nacer. En un mundo donde el aborto es favorecido, en el 1985, aceptaste el reto de brindarme vida, declarando este llamado hermoso sobre mí. Hoy, para la Gloria de Dios, ejerzo el privilegio de ser evangelista.

A mis hermanas Yajaira y Fanny

Fanny, estoy muy agradecido por la forma de

atenderme en aquel hospital. Yajaira, gracias por ser la primera adoradora en mis cruzadas. Cuando éramos niños, ustedes fueron las primeras en escuchar mis prédicas. Gracias por aplaudirme incluso cuando lo que decía no tenía sentido.

A mi Tía Maria Laboy

Gracias por siempre estar en la primera fila de todas mis victorias. Por responder a todas mis llamadas, aun en altas horas de la noche mientras yo vivía en aquel hospital. Por decirme: "No hay dolor". Por decirme: "Pronto sales de esta prueba". Y más que todo, por ser la primera en escribir en un papel el título de mi libro. Eres mi ángel terrenal, te amo. ¡Este libro también es tuyo!

A mi primo hermano Andrés Cuevas.

Gracias por ser mi mano derecha y soñar junto conmigo. Eres el hermano mayor que siempre quise tener. También te agradezco por ser el guardaespalda de mi vida asegurándote que siempre me mantuviera enfocado en lo que Dios dijo de mí y no en las muchas tribulaciones que he tenido que enfrentar. La crisis no duró; sin embargo, nuestro amor es para siempre. Te amo, hermano de mi alma.

A mis Tíos Gilberto y Laura Cuevas.

Por ser mi bálsamo en las tormentas más difíciles de mi vida. Por amarme no como un sobrino, sino como hijo. Tío, tití, ¡ya salió el sol! Les amo.

A mi sobrina Yadeliz Divina Pérez de Cuevas.

Gracias a ti, cargo el título de tío. Gracias por visitarme en aquel hospital. Cada vez que entrabas a la habitación se iba la oscuridad. Recuerda siempre sonreír porque hay poder en tu sonrisa. Aun el cuarto más oscuro se alumbra cuando tú sonríes. Te amo.

A mis sobrinos Edgar y Jeremy.

Ustedes me ayudaron a creer que no soy nada menos de lo que Dios dice de mí. Gracias por amarme cuando pensé que todos dejaron de amarme y por ser los primeros en decirme que soy su modelo a seguir. Les amo.

A nuestro coordinador internacional, Jose Arzola (Padre).

Gracias por estos 14 años de trabajo con Sanidad Divina. Por tu Fe, no solo en mí, sino en este ministerio. Yo no sé el ¿por qué me amas tanto? Más doy gracias a Dios por cuanto me amas y cómo me amas. Esta victoria es tuya también. ¡Te Amo!

A mi gran amigo, David Ramos. Gracias por ser mi hermano en tiempos de angustia.

Tú nunca perdiste la Fe en mi milagro. Jamás me abandonaste en aquel hospital. Otros me desampararon y se olvidaron de mí. ¡Pero no tú! Tus visitas fueron de refrigerio a mi alma. Esta victoria también te pertenece. ¡Te amo, hermano!

Al profeta Carlos Ramirez Jr. (Carlitos).

Gracias por dejarte usar por Dios en mi niñez para que hoy yo fuera un evangelista. Siempre te he admirado y siempre te tendré en alta estima. Marcaste mi vida y por eso viviré eternamente agradecido de ti. Te amo, hermano.

A Micky Mulero (Pai) Y Nimsy López (Mai).

Por curar las heridas existentes en mi corazón. Por correr el riesgo de llevarme a Puerto Rico declarando sobre mí: "Jesús te sana". Por adoptarme como su hijo. Gracias al amor que me han brindado, ya no más me siento huérfano. Les amo.

A mi entrenadora de literatura, Zoah Calveti.

En esta vida el Espíritu Santo nos enlaza con personas claves que te transportan hacia la excelencia y ayudan en alcanzar el sueño de Dios para ti. Cuando Dios me reveló este libro, solicité Su ayuda. En un momento cuando nadie sabía de esta visión, Dios te envío a un evento en Fruto de la Vid en San Juan, Puerto Rico. Allí, sin conocerme, Él te habló sobre este libro. Fuiste el instrumento que el Señor usó para traer a la luz el autor que inconscientemente vivía dentro de mí. Gracias por ser la guía y mentora de este libro. Eres un gran regalo al cuerpo de Cristo, enviada del cielo para asistir a personas como yo. Finalmente, pude silenciar la voz de aquella maestra de octavo grado que le dijo a mi madre: "Tu hijo no sabe escribir". Gracias a ti, hoy estoy libre de esa influencia negativa. Shaina y yo vivimos eternamente agradecidos de ti y del amor que nos has brindado en esta jornada hermosa de "¡Oye Cáncer! Cumplo años otra vez".

A mis Pastores Ephrain y Milca Padilla y a toda mi Iglesia: Iglesia de Dios Pentecostal MI Central Goldenrod, Orlando, Fl.

Gracias por recibirme con los brazos abiertos y siempre cubrirnos en sus oraciones mientras hacemos el trabajo de Dios. Les amo.

A la Pastora Barbara Santana y su amada iglesia Quebrantando Los Yugos, Hainecity, Fl.

Por destacarse en el apoyo incondicional de cada proyecto que nuestro ministerio emprende. Gracias por cada siembra de amor. Los amo.

A cada persona que ha creído en este llamado. A todos los que de alguna forma u otra me han ayudado a alcanzar el sueño de ser un predicador. Ustedes saben quiénes son. ¡Les amo!

Finalmente, a todos los que hoy se encuentran en una batalla contra el cáncer. En especial a cada niño que lucha en oposición a esta enfermedad. ¡No me rendiré! En cambio, trabajaré aún más fuerte para traer más sonrisas a sus cuartos en los hospitales declarando que el sol volverá a salir para ustedes también.

Opiniones del Libro

El evangelista Rafael "Nuni" Cuevas es un hombre de Dios dinámico. Desde su nacimiento ha sido marcado por la unción del Espíritu Santo. A lo largo de su vida, ha tenido que luchar contra la adversidad y a pesar de todo, Dios le ha guardado de manera maravillosa. Estos relatos son la verdad incuestionable de la Palabra de Dios como dice el libro de Hebreos 13:8; Jesucristo es el mismo ayer, hoy y por todos los siglos. Al tomar este libro en tus manos prepárate para sentir el fluir del Espíritu Santo tocando a la puerta de tu corazón y retándote a creer en Dios por encima de tus adversidades. Abre tu corazón para recibir un milagro en tu vida.

Pastor Ephraim Padilla

Desde una edad temprana observamos a un niño muy apasionado por las cosas de Dios. A medida que avanzamos a lo largo de los años, lo vimos enfrentar los procesos y luchas que muchos otros han enfrentado pero no han resistido. Para Nuni, resultó en el joven que hoy vemos, cuya pasión no ha menguado sino que arde más fuerte que nunca. Su testimonio es un ejemplo vivo de que los procesos de Dios, aunque a veces difíciles, son para llevarte a otro nivel de Gloria. Al leer este libro, tu existencia cambiará a un nuevo grado de vida gloriosa.

Evangelista Andrés Cuevas

En la vida cristiana Dios siempre te conecta con gente de propósito que te estimulan, te animan y te retan. Conocer a Rafael "Nuni" Cuevas fue una de esas relaciones divinas que bendicen tu vida y la marcan para siempre. "Nuni," cómo cariñosamente le llamamos, es un hijo de la casa. A pesar de los procesos que ha vivido, hemos sido testigos de cómo su alegría contagia a todos los que le rodean. Creemos firmemente que su testimonio plasmado en este libro será una inyección de Fe que marcará tu vida. No nos cabe la menor duda de que solo será el comienzo de senderos hermosos que Dios ya diseñó para Su gloria.

Evangelistas Micky Mulero y Nimsy López

El evangelista Rafael "Nuni" Cuevas es un varón de Dios dinámico y dedicado. Él es un hombre apartado a fin de que Dios cause estragos en el reino de las tinieblas y haga grandes cosas en el Reino de Dios. El enemigo está aterrorizado por el hecho de que este es un ser humano con una asignación divina. Desde su nacimiento, el adversario ha hecho todo lo posible para detener su vida. Este joven predicador, ha vivido una vida de dificultades y desafíos que se asemeja a los retos en una obra de arte. A una edad joven, se encontró atrapado en la oscuridad, el cáncer y la muerte, más aún en su adolescencia se negó a rendirse. Cuando la adversidad tocó a su puerta, los médicos se dieron por vencidos, la familia estaba perdiendo la fe, la luz de la vida se estaba volviendo tenue y todo lo que restaba era que él aceptara su destino y muriera.

¿Algo pasó? Permítanme parafrasear Job 2:910 en referencia a este poderoso hombre de Dios: Los médicos y los escépticos le dijeron: ¿"Sigues manteniendo tu integridad"? ¡"Maldice a Dios y muérete"! Pero Nuni respondió: "Todos ustedes están hablando como los necios y los ignorantes. ¿Aceptamos lo bueno de Dios y no los problemas"? Hoy su Fe es más fuerte que nunca. Sanado de cáncer, nos dirá con valentía: ¡"Cojeo para que puedas caminar, y las cicatrices en mi cuerpo son para recordarte del poder, la realidad y el fuego sanador del Espíritu Santo"!

Lo que tienes en tus manos no es un libro; es una fuerza que paralizará todas las enfermedades, esquemas y planes demoniacos que alguna vez se hayan atrevido a levantarse contra ti. En mi programa de TBN Salsa, nunca he tenido más fuego, demostración de poder y predicaciones del Espíritu Santo, como las de este poderoso evangelista para las naciones. Siéntese y disfruta de este libro porque es un viaje al Reino de lo sobrenatural. ¡El lugar donde el cielo se encuentra con la tierra y la luz rompe la fortaleza de la oscuridad, la enfermedad y la muerte!

Pastor Edward Ramirez, Ed.S., M.S.O.L
Pastor Principal, Harvest Church, Anfitrión: TBN Salsa, New York City

Table of Contents

Prólogo   1

Introducción   7

Capítulo 1 La Oración de Una Madre   12

Capítulo 2 Protección Divina   25

Capítulo 3 Nadie Me Quiere Creer   36

Capítulo 4 Entrenamiento   49

Capítulo 5 Sanidad Divina   58

Capítulo 6 Esto No Fue Lo Que Yo Soñé   70

Capítulo 7 Al Verlo Venir   82

Capítulo 8 Hubieras Pensado Más Grande   92

Capítulo 9 Él Se Acordó De Mí   98

Capítulo 10 El Doctor de Los Doctores   105

Capítulo 11 No Sé Cómo Pero Él Lo Va a Hacer   111

Capítulo 12 No Volverás a Predicar   118

Capítulo 13 Y Nos Dio Poder   122

Capítulo 14 Dios Está En Control   132

Capítulo 15 Por Sus Llagas, Hemos Sido Sanados   142

Capítulo 16 Yo Soy La Muerte   146

Capítulo 17 O Muerte, Yo Seré Tu Muerte   155

Capítulo 18 Yo Era Ciego, Pero Ahora Veo   168

Capítulo 19 No Te Dejes Morir   179

Capítulo 20 Me Llamo Rafael   187

Capítulo 21 Dios Se Las Quitó a la Serpiente y Me Las Dio a Mí   196

Capítulo 22 Yo Cojeo Para Que Tú Camines   204

Capítulo 23 Te Lo Van a Devolver   211

Capítulo 24 ¿Por qué No Se Sanan Todos?   219

Capítulo 25 Alcancé La Benevolencia de Dios   224

Capítulo 26 Divina   246

Capítulo 27 El Milagro Más Grande   256

Capítulo 28 No Moriré, Sino Que Viviré   265

Prólogo

Es un gran honor escribir este prólogo para un hombre tan amado y cercano a mi corazón. Rafael (Nuni) Cuevas Jr., mi hermano y mi amigo. Su amistad ha perdurado a pesar de las pruebas. Conozco a Nuni desde hace más de veinte y tres años. Me siento muy bendecido de ser contado entre sus amigos y verlo convertirse en un hombre de principios, integridad y, sobre todo, en un varón de Dios.

Hoy en día durante esta época vemos un fluir mundial de ministerios en altares, pero muy pocos sobresalen. Muchos han oído hablar del precio que hay que pagar y todo lo que es necesario para sostener la misión. Algunos ministerios han sacrificado su vida personal, matrimonios, familia, hijos, ahorros y aun más, para cumplir con su llamado y continuar con la pasión de su vida que es predicar el evangelio de Jesucristo. Éste es el caso de Nuni, quien no solamente ha sacrificado su vida para llevar el mensaje de Jesús por todo el mundo, sino que también se ha dedicado en medio de un choque celestial mientras peleaba una batalla en contra de la enfermedad, el mismo cáncer que ha afectado a millones de personas globalmente.

Hoy día, se estima que más de 20 millones de

personas morirán anualmente de cáncer para el año 2040. Estás proyecciones astronómicas vienen desde la Organización Mundial de la Salud.

Quién iba a imaginar, según lo anteriormente mencionado que hoy celebraríamos la vida de Rafael (Nuni) Cuevas Jr. En este día alabamos el Nombre de Jesús por ganar la batalla contra el cáncer a favor de nuestro hermano y amigo, salvándole para así salvar a muchos.

Siempre recordaré el día en que primero vi al que hoy sé que es este gran hombre de Dios. Rafael (Nuni) Cuevas Jr. apenas tenía nueve años cuando lo conocí. Era un niño muy activo. Una noche en particular, al llegar a la iglesia de su abuelo donde me invitaron a predicar, me di cuenta de este muchachito enérgico liderando entre un grupo de niños causando caos en la iglesia, corriendo desenfrenado. Es curioso ver cómo a una edad tan joven, ya era un chico de influencia. Me llamó la atención al ver cómo este grupo de niños seguía cada uno de sus movimientos e instrucciones. También observaba a su abuelo, el Pastor de la Iglesia, continuamente tratando de reprender a Nuni para mantenerlo tranquilo y en línea antes de comenzar el servicio. Lo sorprendente era que cuando el culto comenzó, Nuni y su clan de inadaptados estaban muy atentos a la música, así como a quién sería el orador invitado. No muy a menudo se ve este comportamiento en los niños.

Habiendo captado mi atención, el Señor comenzó a hablarme. Después de ministrar el mensaje a la iglesia, escuché la palabra del Señor Todopoderoso que me instruía a ungir a este niño pequeño. Recuerdo como si fuera hoy escuchar la voz de Dios, tan sutil pero tan clara como el día, diciéndome que Nuni crecería para ser un evangelista de renombre mundial. Que él llevaría el mensaje de Cristo Jesús a muchas naciones, y Dios se manifestaría en su ministerio con señales y maravillas. Seguí las instrucciones de Dios. Llamé a Nuni al altar e inmediatamente procedí a ungirle la cabeza con aceite. El Pastor Ramón Luis Hernández unió fuerzas conmigo y oró fervientemente por su nieto, y mientras las lágrimas corrían por sus mejillas, lo pude escuchar llorando ante el Señor en alabanza y adoración por escoger a su nieto. ¡Qué gran ministerio!

Me sorprendió ver a este niño de casi de nueve años llorar ante la presencia de Dios y pude evidenciar la confirmación de su llamado cuando el Espíritu Santo bautizó a Nuni con lenguas celestiales a una edad tan temprana.

A medida que pasaron los años, el ministerio de Nuni creció, señales y maravillas lo siguieron, tal como la Palabra de Dios dijo. Me sentí muy bendecido al escuchar sobre el ministerio de Nuni, y oír a la gente hablar de cómo la presencia de Dios estaba con Nuni donde quiera que fuera.

La vida y sus responsabilidades nos llevaron en direcciones separadas, aunque ambos seguíamos ministrando el evangelio de Jesús. Sin embargo, durante años no supe nada sobre dónde había llevado Dios a mi hermano y amigo. Más tarde me enteré que mi hermano enfrentaba a una pelea contra el cáncer. Cualquier persona se preguntaría si las promesas de Dios habían llegado a su final en la vida de Nuni, pero algo tenemos por seguro; La palabra de Dios, el plan de Dios se cumplirá, y no hay infierno que lo impida.

En este libro poderoso, lleno de recursos de fe, te reirás, te enojarás y llorarás al cuestionar la mente infinita de Dios, y el por qué permite que algunos atraviesen las profundidades del infierno por el bien de los demás. Los años me han enseñado que aún en nuestro nivel más bajo Dios está allí con cada uno de nosotros. Que cuando se nos llama para un propósito tan especial, experimentaremos vida, muerte, dolor y lucharemos con problemas más allá de nuestra comprensión. En el libro de Juan 16:33, Jesús nos dice: "Estas cosas os he hablado para que en mí tengáis paz. En el mundo tendréis aflicción; pero confiad, yo he vencido al mundo".

Este libro elevará tu espíritu, ya que el autor comparte

su experiencia. Este libro transformará tu vida.

Para ti que estás enfrentando problemas inimaginables, pruebas, y tiempos difíciles. Para aquel que actualmente está lidiando con la depresión;. A usted que se pregunta si Dios lo superará. Al que se siente como que no queda más lucha en ti. A aquel que tal vez haya tirado la toalla. A todos ustedes, le menciono esto: "estando persuadido de esto, que el que comenzó en vosotros la buena obra, la perfeccionará hasta el día de Jesucristo" (Filipenses 1:6, RVR1960).

En el tiempo cuando le diagnosticaron el cáncer, Nuni tenía muchas preguntas. Algunas de estas preguntas fueron; ¿Qué he hecho para merecer esto? ¿Por qué me has abandonado, oh Señor? ¿Qué hay detrás de esta aflicción? ¿Saldré de esto? Y aunque se le ocurrieron infinitas preguntas, una voz inmóvil dentro de él continuó recordándole que: "Dios no es hombre, para que mienta, ni hijo de hombre para que se arrepienta. Él dijo, ¿y no lo hará? Habló, ¿y no lo ejecutará?" (Números 23:19, RVR1960). Hoy día Nuni viaja por el mundo con su amada esposa difundiendo el evangelio y haciendo saber a los demás que si Dios lo dice, sucederá.

Para terminar, deseo hacer esta oración a nuestro

Señor Jesucristo.

Mi querido Padre Celestial, Salvador y Amigo, te alabo por la vida de mi hermano. Te pido que a través de este medio, su testimonio, alcance a millones de personas. Te alabo por llegar a las profundidades de la enfermedad y librarlo de lo que seguramente sería un encuentro inevitable con la muerte. Oro para que todos y cada uno de los que necesitan esta palabra, sean transformados y se den cuenta de que Tu amor y amabilidad va mucho más allá de los límites de este mundo. Oro para que cada lector te vea en toda letra, en cada experiencia, y detalle de este proyecto. Que esta sea una de las mejores historias jamás compartidas en la humanidad. En el Nombre que está por encima de todos los nombres, el Nombre de nuestro Salvador y Señor Jesucristo, y con las bendiciones de Su Espíritu Santo, amen y amen.

Humildemente,

Profeta Carlos J. Ramirez

Introducción

Desde muy pequeño me han enseñado que toda la Gloria es de Dios. Por lo tanto, siempre debemos rendir a Él la Gloria. Sin embargo, he llegado a entender que aunque los hombres honran al Señor al decir "A Dios sea la Gloria", la realidad es que Dios es el único propietario de la Gloria. Ya sea que la cedamos o no, la Gloria ya le pertenece y Él siempre la retendrá. Por supuesto, entiendo y ejerzo el principio de dar continuamente a Dios la Gloria; es una de las cosas que más practico. Aún así ¿qué podemos presentarle a Dios que Él ya no tenga? Hace un tiempo atrás, me estaba haciendo esta misma pregunta. ¿Qué podemos ofrecerle que no sea ya su dueño? ¡Las gracias! La gratitud nos pertenece a nosotros y la entregamos a quienes deseamos.

La Biblia habla de diez leprosos que Jesús sanó, pero solamente uno de ellos regresó para agradecerle. Vivo mi vida como aquel leproso, ya que muchos son los que han sobrevivido el cáncer, sin embargo, se han olvidado de quién fue su sanador. Nunca testifican, ni mucho menos dan gracias a Jesús. Así que hoy agradezco a mi Señor Jesús. No solo por morir en aquella Cruz por mí, sino también por haberme curado de ese cáncer terminal. Si Jesús no me hubiera sanado, nunca habría experimentado bendiciones tan hermosas. Tales como la bendición de encontrar una bella esposa, de tener muchos sobrinos y vivir el precioso privilegio de poder llevar este valioso evangelio al mundo. Las multitudes no me impresionan, lo que me llama la atención es saber que Dios se fijo en mí para que yo cumpliera Su voluntad. No sé lo que vio en mí, pero estoy seguro de lo que he visto en Él.

A fines de abril del 2018, minutos antes de que yo comenzara el libro que hoy tienes en tus manos, hablaba por teléfono con Zoah Calveti. Sus palabras me causaron intriga. Antes de orar por mí para que el Espíritu Santo tomara el control de toda escritura, su consejo fue: "Nuni, cuando estés escribiendo van a llegar momentos en donde vas a llorar. Cuando eso ocurra, deja de escribir y llora porque es Dios el que está sanando tu corazón". Al escucharla no entendí el porqué iba a llorar pues, en mi estimación, hacía ya diez años desde mi cáncer. Sentía que ya estaba sano de todo.

No obstante, desearía que la imprenta que imprimió este libro hermoso, tuviera una máquina que pudiera publicar cada palabra e imprimir cada lágrima que cayó sobre mi computadora mientras escribía cada capítulo. Habiendo dicho esto, siento por el espíritu darles el consejo de mi animadora. Mientras estés leyendo este libro, llegarán momentos cuando tú también vas a llorar. Cuando esto suceda, llora. Deja que Dios cure las heridas que Él ha dado a conocer en ti, porque Jesús es quien te sana.

Dicen que hay dos momentos críticos en la vida de un ser humano; El día en el que naces y el día en el que descubres tu propósito. Algunos afirman no tener propósito en la vida, o tal vez aún no lo han encontrado. Es mi oración que al leer este libro, no solo puedas entrar en una relación profunda con Dios, sino que puedas hallar cuál es la misión de tu vida. La Biblia nos dice: que donde está tu tesoro ahí estará tu corazón (Lucas 12:34). Si de algo estoy seguro es que donde existe una gran "X" hay un gran tesoro enterrado. Si la gente o alguna circunstancia ha puesto una "X" en tu vida, prepárate porque tienes una fortuna escondida dentro de ti. Dios pronto lo revelará y lo sacará a la luz. ¡Alístate para brillar! Porque tu vida tiene mucho valor.

Es mi petición que al cruzar cada letra de esta obra que el Espíritu Santo te acompañe. De algo sí estoy seguro, Dios tratará de manera única y especial contigo, mientras navegas entre las páginas de este libro. Por último, y no menos importante, es mi deseo que sigas estas instrucciones. Durante el tiempo que estés leyendo, mantén tu mente y tu corazón abiertos. No dejes que la duda te desconecte de esta jornada hermosa que Dios ha preparado para ti a través de este libro. Esta instrucción final es la más importante: <u>No debes leer este libro sin primero leer el Capítulo 28.</u> Sé que pido algo fuera de lo común, más este capítulo postrero es intencionado a proporcionar una perspectiva profética que proveerá esperanza hasta en los momentos más oscuros de este texto. Como les dije anteriormente, "Dios tratará de manera única y especial contigo". Así que comencemos esta jornada extraordinaria: Por favor proceda al capítulo 28 antes de leer el Capítulo 1.

¡ATENCIÓN!

NO PROSIGAS
SIN PRIMERO
LEER EL CAPÍTULO 28

Capítulo 1
La Oración de Una Madre

En la sala de un hogar humilde, mi madre oraba. Encinta de mi, ayunaba a los siete meses de embarazo. Y así fue; aún antes de que yo naciera, mami ya estaba en ayuno y oración por el fruto de su vientre. Ella se presentaba ante el Señor con una petición especial. En aquellos días no existían los famosos "Gender Reveal Parties" donde las familias y amistades se reúnen para revelar el sexo de un bebé. Tampoco habían globos negros y llenos de confeti, listos con los colores azul o rosa para anunciar si la criatura es niño o niña. En el pasado no teníamos opción, todo era una gran sorpresa. Mi madre, en su petición a Dios le dice: "Señor no sé si es hembra o varón, solo sé que aunque ya tengo una niña, recibiré con alegría lo que me des. Pero si me concedes un varón, te pido que él sea un evangelista, quien pueda llevar Tu Palabra al mundo entero". Inmediatamente después de expresar esas palabras al Señor, en ese mismo momento, comencé a dar brincos en su vientre, y esto confirmó en el espíritu de mi madre que Dios ya había contestado su petición.

Ella nos relata que de los tres partos que tuvo, el mío

fue el más rápido y más fácil. Aunque el médico se apresuraba a atenderla, nací sin su ayuda al llegar al hospital. Yo estaba ansioso de comenzar a vivir el propósito de Dios para mi vida. Si puedes tener algo por seguro, es que amo la vida.

Y así comenzó todo. El 18 de mayo del 1985, en el Hospital de Beth Israel en Newark, NJ, nació Rafael Cuevas Jr., mejor conocido como Nuni. El único hijo de Rafael y Lourdes Cuevas. Pienso que todo detalle de lo ocurrido en mi nacimiento fue profético, desde el ayuno de mi mamá hasta el nombre del hospital donde nací, aun el nombre que, gracias a mi papá, se me fue dado.

Para mí, siempre ha sido un gran honor tener el nombre de mi papá y poder honrarlo como el único varón de su casa. En todo, he reconocido este privilegio como algo muy significativo. Cada vez que mi nombre es mencionado, tanto en una tarima frente de miles de personas, en la televisión o hasta en este libro; siento que él también es anunciado. Dicho esto, continuamente tengo en cuenta la gran responsabilidad de representar bien su nombre. Considero que todo lo que he logrado para la Gloria de Dios, él también lo ha logrado para la Gloria de Dios.

Desde que puedo recordar, siempre he sentido una conexión especial con mi papá. Mi papá fue el tipo de padre que constantemente daba caricias a sus hijos, mostrándonos mucho amor y afecto. Soy el hijo del medio, el único varón entre dos hembras. Mi hermana Yajaira es la mayor de todos por año y medio. Yo le llevo cuatro años a mi hermana menor, Rosa, conocida por todos como Fanny. Mi padre era el tipo de papá que llegaba de su trabajo con mucha alegría. Desde el momento en el que él abría la puerta, nos estaba llamado a todos con un silbido especial. ¡Sí, mi papá es todo un personaje! Nos hablaba por medio de silbidos. Dependiendo del tono de su silbido entendíamos a quiénes llamaba y hasta qué era lo que él quería decirnos. Esto era una rutina diaria.

Mi mamá era ama de casa. Cuidaba a los niños, mientras papá trabajaba. Cuando él llegaba, la casa siempre estaba limpia y la cena servida. Al parecer todo era perfecto, así como en un cuento de hadas. A mis cuatro años de edad comencé a notar que no todo andaba bien. Siendo un niño muy atento a cada detalle, me di de cuenta que mi mamá y mi papá no se llevaban como antes. De repente habían muchas peleas entre ellos. Diariamente, al menos uno de mis juguetes se desaparecía. Y si no fuera uno de mis juguetes, algo más de gran valor en la casa desvanecía. Debido a mi edad temprana, yo no podía saber ni tampoco entender que mi papá estaba luchando con el monstruo llamado heroína.

Recuerdo que comencé a ver cosas en las noches a esa misma edad, sombras negras que volaban por la sala de mi casa y no me dejaban dormir. Me provocaban mucho espanto y miedo. En la oscuridad de la noche anhelaba ver la madrugada, ya que toda tortura desaparecía al salir el sol. Cada día deseaba que nunca llegara la noche porque sabía que aquellas sombras regresarían para atormentarme.

Claramente me viene a la memoria aquella noche donde estábamos todos durmiendo en el cuarto de mis padres. Era un día caluroso de verano. En nuestro pequeño apartamento, el dormitorio de mis padres era el único lugar donde teníamos aire acondicionado. Para no sufrir calor, mi mamá nos reunía a dormir con ellos. Esa misma noche cuando todos se quedaron dormidos, observé a un hombre, cuya altura llegaba hasta el techo, quien entraba para pararse al lado de la cama donde dormía mi papá. Mi pequeño corazón latía a su máxima velocidad. Yo presentía que ese personaje no era nada bueno. Por el espacio de toda la noche, él miraba fijamente a mi papá. Este hombre llevaba un sombrero negro en la cabeza y andaba vestido con un saco negro que le llegaba hasta los pies. Por una semana consecutiva, observé cómo aparecía en lo que yo describía como un elevador invisible. Manifestándose, se estacionaba al lado de mi papá, y lo velaba toda la noche. Mantenía sus ojos fijos en él hasta que el sol comenzaba a salir. Al llegar la madrugada, mientras se levantaba el sol, aquel hombre de gorro negro descendía en su elevador invisible. Inmediatamente después, yo salía de mi cobija para ver hacia dónde bajaba, pero cuando alcanzaba mirar, ya el hombre desvanecía y mi papá despertaba.

Después de haber vivido este episodio cada noche por una semana, no lo soporté más, y una mañana se lo conté a mis padres durante el desayuno. Mi papá estaba comiendo y al escuchar lo que le contaba su rostro cambiaba de color. Su apetito se fue, ya que unos minutos antes, mi madre le había contando un sueño que tuvo con él. En su sueño, ella vio que unos hombres lo habían secuestrado y se lo llevaron a un edificio abandonado para matarlo. Casi al fin del sueño ella vio que lo amarraron a una silla y le taparon la cara y luego "lo balearon" que quiere decir: lo asesinaron.

Rápidamente comprendió que la muerte lo asechaba. Ambos padres conocían la Palabra de Dios, aunque, después de mi nacimiento se apartaron de Él. Cuando dejaron de asistir a la iglesia, dieron entrada a este hombre con sombrero negro. Sin embargo, siempre y cuando el cielo tiene un plan contigo, el infierno no puede detenerlo. Creo de todo corazón que el indicativo más indudable que señala a una vida que carga un poderoso plan divino es que, incluso, cuando la persona no está consiente de su propósito, el hombre con sombrero negro ya está visitando su hogar.

Antes de Moisés nacer, ya Faraón buscaba matarlo. De manera similar, Jesús apenas había nacido cuando Herodes, al igual que Faraón, también procuraba matarlo. Tu enemigo tiene un plan, pero más allá de ese plan, existe Aquel que escribió esta historia mucho antes de que usted y yo la pudiéramos vivir. Hoy, tienes la oportunidad de leer lo que el Autor ha declarado, "ninguna arma forjada contra ti prosperará" (Isaías 54:17, RVR1960).

En mi vecindario vivía un hombre llamado Noé. Él manejaba la guagua de su iglesia y siempre andaba por todo el barrio evangelizando. Aún recuerdo verlo predicando en las calles y escucho el sonido de su voz cuando gritaba: "Jesús". Noé predicaba sin vergüenza alguna. Entre nuestras comunidades siempre hay, por lo menos, una persona que se compromete a llevar un mensaje de Fe y esperanza. Muchas veces terminan siendo ignorados por aquellos que se sienten sin necesidad de escuchar sobre Dios ni tampoco la iglesia. Mi papá era una de las personas que huían de Noé cada vez que lo veían por el vecindario. "Huye el impío sin que nadie lo persiga" (Proverbios 28:1, RVR1960).

Una tarde Noé se encontró con mis padres y les pidió permiso para llevar a mi hermana Yajaira y yo a su escuela bíblica. Por primera vez en nuestras vidas los dos fuimos a la Iglesia. Fue un domingo por la mañana y todos entonaban alabanzas. Yo no entendía lo que estaba pasando, pero Noé con mucho gozo cantaba un coro que decía: "El rubio de galilea va pasando por aquí. Déjalo que te toque, déjalo que te toque, recibe la bendición". En medio de esa alabanza, Noé comenzó a gritar, "Jesús está aquí. Jesús está aquí. Déjalo que te toque". Hasta el día de hoy, puedo oír la voz de Noé en mi mente y en mi corazón. También recuerdo escuchar la guitarra que lo acompañaba y las hermanas tocando las panderetas. Dentro de la alabanza, sentí una presencia sobrenatural. Los pelos de mi cuerpo empezaron a erizarse; todo mi ser temblaba; no por miedo, ni por frío, sino por la presencia que se percibía en aquel lugar.

Inconsciente de lo que sucedía, de momento miré hacia mi lado pues sentí la presencia de alguien parado cerca. Al mirar pude ver unas sandalias que resplandecían y una túnica blanca por encima de ellas. Cerré mis ojos y dije: ¿"Quién es ese"? Noé dejó de cantar solo para decirme al oído, "Nuni, Jesús está al lado tuyo; dile que te toque!" Al instante comencé a llorar porque sentí algo tan fuerte y hermoso que me tocaba, llenándome de gozo, de paz y de amor. El miedo que tenía dentro de mí, por causa de las sombras que me atormentaban de noche, cayó sobre el control de aquella presencia. Así que con solamente cuatro años de edad, hice como me dijo Noé y comencé a decir: "Jesús tócame, Jesús tócame. ¡Por favor, tócame! Toca a papi, por favor no dejes que el hombre del sombrero negro se lo lleve. Toca a mami, porque ella llora mucho".

Varios días después, mi papá estaba entrando a la iglesia conmigo. Aquella noche, una anciana de Puerto Rico predicaba con su cabello blanco. Mientras ministraba la palabra, esa mujer se vuelve hacia donde mi papá para impartir un mensaje de parte de Dios. Al señalarlo dice: "La muerte te está rodeando, pero Dios tiene un plan para tu vida". Mi padre no pudo resistir más y esa misma noche le entregó su corazón a Jesús. Aquella anciana puso las manos sobre él y mi papá fue libre al instante. Sería difícil para cualquier niño de cuatro años explicar lo que Dios estaba haciendo en ese momento, pero sí logré entender que nuestras vidas cambiarían.

Y así mismo sucedió, las cosas empezaron a cambiar en mi hogar. Ya no existían peleas como antes. Al poco tiempo de ver un cambio en mi papá, mi madre también se entregó a Jesús. Quizás, estás leyendo esto y piensas: "Esto no es para mí. Yo no creo en la religión". Quiero que sepas que yo tampoco creo en las religiones, pues han sido las causantes de muchas guerras y grandes divisiones en el mundo. La religión es culpable de la condenación de millones de gente. ¡Más, yo creo en Jesús! Jesús no es una religión basada en demandas unilaterales. Jesús es una experiencia mutua. Él es la salvación, liberación y sanidad. Y más que todo eso, Él nos ama y anhela entrar en amistad con toda la humanidad. Si estás leyendo este libro, es porque Jesús desea tener una relación contigo así como la ha tenido conmigo.

Como les contaba, todo en casa había cambiado. Ahora existía paz en nuestro hogar. Dejé de ver a ese hombre con el sombrero negro y aquellas sombras que visitaban por las noches. Ahora, al llegar el anochecer, yo dormía como un bebé. Un corto tiempo después de la conversión de mi papá, él fue promovido a diácono de la iglesia. Comenzó a estudiar en un seminario teológico hasta llegar a ser maestro en ese instituto. Yo observaba mucho a mi papá. Prestaba atención a su forma de hablar y su forma de vestir. Noté que tenía un talento para hablar en público y expresarse de manera muy impresionante; yo quería ser como él.

A la edad de seis años, tuve una visión. Mi dormitorio se encontraba en un ático y allí, en ese cuarto me visitó el Señor. En la visión yo me vi como un hombre adulto, tal y como lo soy hoy; predicando a miles de personas por el mundo entero. Me encontré en grandes escenarios, viendo como oraba por los enfermos y ellos se sanaban. Entre esto, escuché una voz muy poderosa que a la misma vez me llenaba de una paz inmensa. Era la voz de Dios. Yo la estaba escuchando por primera vez. Me dijo: "Nuni, te he escogido para que prediques mi Palabra. Serás profeta para las naciones. Orarás por los enfermos, y ellos sanarán. Serás un evangelista".

Era un domingo en la mañana cuando desperté de aquella visión. Durante los últimos dos años teníamos por costumbre que mi mamá era la que despertaba a toda la familia para ir a la Escuela Bíblica. Aunque mami me había separado unos mahones y una camisa, yo comencé a pelear con ella porque no quería ponerme esa ropa. Como toda una madre latina, ella ya tenía la chancleta en la mano, lista para pegarme. Le dije: "Por favor mami, no me dejes ir a la Iglesia así. Déjame ponerme el gabán que tengo en mi armario". No éramos ricos, ni tampoco pobres. Solo teníamos lo suficiente para sobrevivir. Ese gabán del cual le hablaba era el único que yo tenía. Mi mamá no entendía el por qué yo insistía en vestirme así y finalmente me hizo la pregunta; ¿"Por qué quieres ir así a la iglesia"? Le contesté: "Anoche yo soñé que era un evangelista y voy a ser un evangelista".

Mi mamá me miró colmada de asombro pues nunca

me había contado, ni a mí ni a nadie, sobre su petición a Dios cuando estaba encinta de mí. Puede ser que hasta este momento ella se había olvidado de su oración, pero Dios nunca olvida Sus promesas. Desde ese día en adelante, cada domingo, comencé a ir a la iglesia con el mismo gabán negro. Yo cargaba con mi Biblia grande debajo de mi brazo. La verdad es que en realidad no era una Biblia, sino un libro para niños, con una variedad de historias bíblicas, contadas en dibujos. Esa fue mi primera Biblia, y la cargaba con mucho orgullo. No sabía cómo, pero estaba seguro de que algún día sería predicador.

Un domingo, mi papá tuvo la oportunidad de predicar y me cautivó su estilo. Nunca lo había visto echo de esa manera. Mientras predicaba él te hacía vivir lo que estaba diciendo, logrando toda la atención de su público. Eso me maravilló y dije entre mí: "¡Así quiero predicar!". Yo acostumbraba sentarme siempre en la primera banca de la Iglesia. Porque yo era un evangelista. Permíteme explicarte, en realidad todavía era un niño. Pero por mucho que la gente veía a un niño, yo me miraba a mí mismo como un predicador. Así que hablaba como un predicador. Caminaba con mi Biblia de caricaturas debajo de mi brazo, como todo un predicador. A pesar de que nadie me entendía, yo me entendía.

Cuando estaba en casa, a diario acomodaba todos los peluches de mis hermanas y les predicaba. Hacía un servicio con ellos. Les predicaba y después poniendo las manos sobre ellos, oraba por cada uno. A las escondidas, mi mamá me observaba en acción. Riéndose se lo contaba a mi familia, no como burla, sino más bien de alegría que a su hijo le atraía el llamado de predicador. Nunca podrás alcanzar tus sueños si no comienzas a caminar y hablar, tal como lo que has soñado.

Para ese tiempo, vivíamos en una casa de dos plantas. Sobre nuestro apartamento residía una señora llamada Socorro. Una tarde Socorro llegó gritando por un dolor de migraña. Recientemente regresó del hospital, donde trataron de aliviar su migraña, pero aún no se le quitaba. Mi mamá desesperadamente la sienta en el sofá de nuestra casa y comienza a gritar:¡"Nuni, Nuni"! Yo estaba en mi cuarto, en medio de mi prédica diaria. Salí del dormitorio hacia dónde estaba mami, solo para encontrarme con los gritos y llantos de Socorro, quien era atormentada por la migraña. Mi mamá me pidió que velara a Socorro mientras ella buscaba entre la cocina algún remedio que le pudiera dar. Tan pronto que mi mamá salió de la sala, comencé a subirme en el sofá donde Socorro agonizaba. Cuando logré pararme su lado, puse mis manos sobre su cabeza y dije:¡"Migraña en el nombre de Jesús sal fuera"! En ese mismo instante, Socorro, dando un grito, cayó en el piso y se quedó como dormida.

Mi mamá se apresura a la sala, solo para encontrase con ese escenario. Con las manos sobre su boca, ella no podía creer lo que estaba viendo. Luego de algunos minutos, Socorro se levantó del piso y mami le sirve un vaso de agua. En su asombro, Socorro no podía hablar. Después de unos minutos nos miró y dijo: "Se me fue el dolor que tenía". Socorro me besaba y me abrazaba, gozosa porque fue sanada de su migraña. Fue en ese momento que mi mamá entendió que yo tenía un llamado extraordinario, que no era un niño normal y necesitaba un cuidado especial.

Capítulo 2
Protección Divina

25

En el capítulo anterior les decía que cuando Dios tiene un plan contigo el infierno siempre va a hacer todo lo que esté a su alcance para detenerlo. Claramente, Dios estableció que había un llamado especial sobre mi vida. Yo era un niño cargando un llamado sobrenatural. Como a todos los chicos, me encantaba jugar. Tenía una imaginación increíble. Actualmente mantengo en uso esa misma creatividad, incluso dentro la visión de Dios para mi vida. Creo fielmente que en verdad "nada es imposible". Confió mucho más en esa afirmación que en las palabras: "No puedes". La imposibilidad solo se levanta como un desafío para provocar lo mejor de mí.

Entre las décadas de los años ochenta y noventa mis padres nos criaron en Newark, Nueva Jersey, una de las peores ciudades que existían. Allí sufrieron mucho crimen, asesinatos, tráfico de drogas y robos de autos. Un domingo por la mañana, mi papá y yo caminábamos tomados de la mano hacia la iglesia. De repente un carro saltó a la acera por donde andábamos y se acercó directamente a nosotros a gran velocidad. Parecía que nos iba a aplastar. De pronto, en el último segundo, justo cuando el coche estaba a punto de atropellarnos, brincó de nuevo hacia la carretera y continuó a una velocidad aún mayor, hasta no verlo más.

Esa noche, mi padre y yo fuimos a un restaurante cerca de mi casa para comparar comida. Mientras papi hacía su pedido, un joven se nos acercó. Llorando, nos habló diciendo: "Por favor, quiero que me perdones". Turbado, mi padre le preguntó por qué tenía que perdonarlo, si no lo conocíamos. El joven le cuenta a mi papá que esa mañana él estaba drogado y borracho con sus amigos. Ese mismo domingo, a esa hora exacta de la mañana, al salir de una fiesta, sus amigos, quienes también estaban bajo la influencia de drogas, le dijeron: "Pásale por encima a ese señor con su niño". Él le confesó a mi papá que su intención era atropellarnos. Que en verdad no quería hacerlo, pero algo dentro del él lo impulsaba. Además, tuvo la presión adicional de sus amigos ebrios provocándole a que nos pasara por encima con su auto.

Lo más que me impactó de su historia no fue que nos confesó que quería atropellarnos, sino lo que dijo a continuación. "Cuando subí el carro sobre la acera donde caminaban, noté un gigante parado al frente de ustedes. Vestido de blanco con su dedo me decía ¡no!". Llorando contaba cómo de inmediato echó su carro hacia la carretera.

El joven también nos dijo que sus amigos comenzaron a gritarle. Le preguntaron: ¿"Qué pasó"? ¿"Por qué no lo hiciste"? Pero cuando les contó lo que vio, empezaron a burlarse de él, diciendo que debió haberlo imaginado debido a las drogas que había consumido. Más el joven insistía: "Yo sé lo que vi… No fueron las drogas. Ustedes caminan con un gigante vestido de blanco y yo lo vi". Así que el joven salió corriendo del restaurante y jamás lo volvimos a ver. Mi padre me abrazó y dijo: ¡"Ese gigante es el ángel de Jehová"! Entonces, comprendí que yo tenía un enemigo, pero que también tenía un protector.

Mis padres son de Ponce, Puerto Rico y nunca tuvieron padres cristianos. Su crianza fue muy diferente a la mía. Ambos nacieron y se desarrollaron en vecindarios muy peligrosos. Muchos latinos y Afroamericanos pueden identificarse conmigo cuando digo que nuestros padres son bastante intensos a la hora de la corrección. En el momento de sacar la correa, ellos no vacilan. Como les contaba al principio de este capítulo, yo era un niño muy creativo y eso me causó muchos problemas en casa. Me encantaba brincar sobre los muebles de mi mamá y en las camas de los cuartos. Pensaba que era un "Tortuga Ninja", un "Power Ranger" o hasta un luchador de la "WWE".

Nunca fui un niño inclinado a hacer daño ni maldades.

Más bien, mis regaños se debían al hecho de que nunca me quedaba quieto o, a veces, porque me habían dado una orden que aún tenía que cumplir. Cuando ocurrían algunas de las cosas mencionadas, me buscaba una paliza con la correa o con lo que mis padres encontraran en el momento. No los culpo, ya que fue lo que ellos aprendieron. De los tres muchachos en casa yo era el que me llevaba más palizas y castigos. Así que creo por cierto lo que algunos tienden a decir sobre los hijos del medio…

Hoy, en mi edad adulta, sí creo en la corrección, pero no de la misma manera que practicaban mis padres. Creo que a la hora de reprender a un niño, existen muchas alternativas que no tienen que conducir al contacto físico. Tales castigos pueden ser; un tiempo aparte en su cuarto, quitarle sus juguetes o hasta prohibir el uso de aparatos electrónicos como los teléfonos, estaciones de juegos e iPads. La solución no se encuentra en pegarle con un objeto, ni tampoco en obtener una receta médica para que su niño esté drogado todo el día. Esto se trata de un niño y no de un animal. Si podemos asegurarnos que los animales tengan derechos para protegerlos de malos actos, ¿cuánto más un niño? Sobre todo, debemos considerar que todo ser humano para llegar a ser un adulto, primero tiene que ser un niño.

La mayor parte del tiempo, mi papá era quién me

disciplinaba. Siempre que lo hacía estaba cegado hasta el punto de dejar marcas en mi cuerpo. Quizás, en su coraje conmigo, se olvidó que yo era un niño, no un hombre de la calle queriendo hacerle daño. Como les dije anteriormente, no los culpo, ya que fue lo que aprendieron en su casa. Aún así, con todo el maltrato que me dio, en mí solo había amor para él. Tanto es así, que después de corregirme, yo lo buscaba por toda la casa para ver si deseaba jugar o ver alguna película conmigo. La gente tiende a pensar que por cuanto alguien sirve a Jesús es una persona perfecta. Por el contrario, aquellos de nosotros que servimos a Jesús, lo hacemos porque entendemos que nuestras imperfecciones nos llevarán a la perdición y solo a través de Jesús, recibiremos el perdón y la redención.

Juan 3:16 (RVR1960)

"Porque de tal manera amó Dios al mundo, que ha dado a su Hijo unigénito, para que todo aquel que en él cree, no se pierda, mas tenga vida eterna".

Efesios 4:13 (RVR1960)

"Hasta que todos lleguemos a la unidad de la Fey del conocimiento del Hijo de Dios, a un varón perfecto, a la medida de la estatura de la plenitud de Cristo".

Todos aquellos que entramos en una relación con Jesús, nos encontramos en un proceso de madurez que conduce a convertirnos en lo que Jesús fue en la tierra. A pesar de todo, mi papá solo había estado en el Evangelio por unos breves años y todavía se estaba desarrollando como cristiano. En este caso, Jesús iba a tratar con él hasta que fuera más tolerante conmigo. A menudo me pregunto, si Jesús tiene paciencia con nosotros, entonces, ¿por qué no podemos ser pacientes con los demás? Especialmente cuando la paciencia es uno de los frutos más claves para que una persona pueda crecer en una relación con Jesús.

Ya que nuestra familia era la más grande, con regularidad las reuniones familiares se celebraban en nuestra casa. Mientras los adultos comían y hablaban en la sala, todos mis primos se reunían en el sótano de la casa donde jugábamos y veíamos la televisión. Una vez durante una reunión familiar, yo estaba en mi cuarto, preparándome para luego bajar al sótano y reunirme con mis primos. Acababa de salir de la ducha mientras todos se hallaban jugando en el sótano. Yo era el único que faltaba. Durante uno de sus juegos, alguien accidentalmente rompió una pared creando un gran boquete. Ahora, tenga en mente que mientras todo esto sucedía yo estaba vistiéndome en mi habitación. Cuando finalmente voy bajando, todos mis primos arrancaron a correr y terminé entrando al sótano a la misma vez que ellos salieron. Al dar la vuelta, mi papá estaba parado detrás de mí. Precisamente recuerdo sus gritos. Me agarró por el cuello hasta que me quedé casi sin aliento. Luego se quitó la correa y empezó a pegarme con ella. Mi papá era un hombre muy fuerte y no medía su fuerza cuando golpeaba. La furia lo cegaba. Cuando terminó conmigo, yo no podía caminar. Su correa de cuero había marcado todo mi cuerpo. Puedo recordar claramente, aquel grito de mi madre cuando me encontró en el piso del sótano sollozando y herido.

A causa de esto, pasé una semana sin ir a la escuela. Temíamos que algún maestro notara mis marcas y luego arrestaran a mi papá. Esa noche recuerdo haberme arrodillado para orar. Solo tenía solo ocho años de edad, pero llorando, le pregunte a Dios si pudiera hablar con mi papá, para que nunca me golpeara de esa manera otra vez. Una semana después, en medio de la noche, mi papá me despertó. Lleno de lágrimas clamaba por perdón. Más tarde me explicó que mientras dormía, un ángel lo visitó y le dijo: "Dios está muy molesto contigo porque lastimaste a Su ungido. Y así te dice el Señor: La próxima vez que pongas tus manos de esa misma manera sobre el ungido de Dios, dejarás de vivir. El Señor te quitará la vida. Dios te ha dado un profeta que llevará la Palabra de Dios al mundo y es tu responsabilidad cuidarlo bien". Desde aquel día en adelante, mi papá fue más paciente conmigo. Ya no me pegaba con la fuerza ni la violencia con la que antes lo hacía.

El hecho del que mi padre me pegara de la forma en la que lo hacía, no significaba que él no me amaba. Me amaba lo suficiente y deseaba lo mejor para mí; por lo tanto, aplicaba la corrección. El problema vino con los castigos innecesarios y momentos con demasiada fuerza. O, como en este caso en particular, pegar sin saber realmente qué sucedió y quién fue el responsable. Tal vez, al leer todo esto te preguntas sobre la Protección Divina: ¿"Por dónde estaba"? Todo aquel que carga un Propósito Divino, también tiene una Protección Divina. Déjame explicar. Propósito es la razón, en este caso es la razón por la que existimos.

"Antes que te formase en el vientre te conocí, y antes que nacieses te santifiqué, te di por profeta a las naciones."
(Jeremías 1:5 RVR1960)

Este verso bíblico claramente establece que mucho antes de que fuéramos formados en el vientre de nuestras madres, ya Dios nos había conocido y nos dio una razón por la cual llegaríamos a vivir en la tierra. Cada individuo en este planeta tiene un propósito, sin embargo, esto no es un hecho que nos excluye de pasar momentos dolorosos. Nadie nos prometió una vida ausente de abusos. Tener un propósito no quiere decir que existimos dentro un globo donde nadie podrá tocarnos. Cuando Jesús vino a la tierra nos dejó una Palabra para los momentos más difíciles.

Él dijo: "Estas cosas os he hablado para que en mí tengáis paz. En el mundo tendréis aflicción; pero confiad, yo he vencido al mundo" (Juan 16:33, RVR1960).

Podemos identificar, cómo está claramente establecido, que dentro de nuestras vidas, sí llegarán aflicciones. Vendrán ocasiones de injusticia hacia nosotros, y enfrentaremos situaciones que nos marcarán y dolerán. Pero aún en medio de todo esto, la protección de Dios estará presente. Por favor tómese un momento para considerar todas las dificultades pasadas y cuanto dolor te han provocado. Recuerda aquellos momentos de aflicción que tal vez dejaron atrás sus cicatrices. Te marcaron pero no te mataron. Si todas estas circunstancias fracasaron en eliminarte, es porque todavía cargas un propósito que permanecerá en ti hasta cumplirse. Un propósito mucho más poderoso que cualquier sufrimiento que puedas soportar.

Comienza a pensar en todas aquellas personas que han muerto por situaciones de menos impacto que tu pasado. Cosas que no deberían conducirlos a su final. Más tú, con toda la seriedad de lo que has vivido, aún estás aquí leyendo este libro. Es así, porque Dios no ha terminado contigo; todavía cuentas con Su Protección Divina. Dios no le permite a la muerte que nos toque hasta que Su propósito divino sea cumplido en nuestras vidas. A través de Jesús, podremos conquistar esos momentos de dolor y de aflicción. Si Jesús venció, nosotros también venceremos. Es la razón por la cual superaste el accidente automovilístico. A pesar de que el carro fue pérdida total, saliste con tu vida en tacto. Si todavía te encuentras vivo, tienes protección divina. O, a lo mejor, tu casa sufrió un incendio donde se quemó todo lo que tenías en el hogar, pero las llamas de fuego no lograron tocar tu vida. Es más, quién dice que el abuso o cualquier otra cosa que haya causado tanto dolor en tu vida, no es precisamente lo que Dios usará para que hoy te conviertas en el poderoso instrumento que vas a ser.

Es verdad que ustedes pensaron hacerme mal, pero Dios transformó ese mal en bien para lograr lo que hoy estamos viendo: salvar la vida de mucha gente.
(Genesis 5:20, NVI)

El enemigo de nuestras almas a veces logra

causarnos mucho dolor, pero Dios torna ese sufrimiento en un poder que nos transforma en lo que hoy somos o en lo que seremos el día de mañana. Así que en vez de jugar el papel de víctima, ¡celebra! Aunque aquel ataque fue deliberado para matarte o destruirte, tu protección divina intervino. Este próximo verso poderoso complementa muy bien este capítulo:

"Cuando pases por las aguas, yo estaré contigo; y si por los ríos, no te anegarán. Cuando pases por el fuego, no te quemarás, ni la llama arderá en ti".
(Isaías 43:2, RVR1960)

Una vez más, la Palabra de Dios nos confirma que sí, enfrentarás momentos de aflicción y de tormenta en tu vida, pero ellos no te destruirán. Al contrario, te harán más fuerte, ya que en todo el proceso, Dios estará contigo. Ten paz y confía que esto no es tu final.

Capítulo 3
Nadie Me Quiere Creer

Vivía con el conocimiento de que Dios me había escogido para algo grandioso. Gracias a aquel sueño donde la voz de Dios me hizo un llamado, supe que cargaba un gran propósito dentro de mí. Sabía que crecería y sería una persona de mucha inspiración para el mundo, más la gente no me creía. Muchos me criticaron por mi forma de ser, sobre todo, porque deje de hablar como un niño para expresarme como adulto. Mis amistades siempre fueron personas mucho mayor que yo. En todo caso, quise ser más viejo de lo que en realidad era. Al darme cuenta que, incluso, los niños que me rodeaban no me entendían, busqué pertenecer a los jóvenes.

Mientras mis amigos deseaban jugar nintendo y al escondite, mi único deseo era predicar. Sin embargo, yo tan solo era un niño. Si pudiera volver atrás el tiempo y visitar a ese niño, le diría: "No hay nada malo en ser un chico. Tampoco tengas ningún apuro en crecer, ya que todo tiene su tiempo". Sobre todo le diría: "Te aseguro que Dios se ocupara en hacer realidad tu sueño, más a la misma vez te doy aviso que no debes contárselo a todo el mundo. Te pido que dejes de vivir tratando de comprobar a todo el mundo que una vez tuviste un sueño. En cambio, concéntrate en establecer con tu vida que lo que Dios dijo de ti es cierto".

Las personas que nunca han alcanzado grandeza o algo significativo en la vida, pueden escucharte hablar de lo que Dios hará contigo, pero no son capaces de recibirlo. Como no tienen la habilidad de alegrarse por la meta que tienes por delante, se prestan a las criticas y burlas. La verdad es que una gran parte de ellos quiere ser como tú, pero saben que no lo pueden lograr. En el fondo solo son admiradores con corazones llenos de maldad quienes en lugar de intentar ayudarte a alcanzar tu sueño, tratan de detenerlo. Si tan solo supieran, que al apoyarte en tus metas, están sembrando una aceleración para que sus sueños también se hagan realidad. En este caso, esto sucedió hasta más rápido de lo normal.

El libro de Éxodo declara que cuando faraón escuchó que Dios iba a proporcionar un libertador entre los niños hebreos y a través de un primogénito, quiso usar a las parteras para detenerlo. Los registros históricos prueban que faraón pidió específicamente que estas parteras fueran estériles. Cuando las hebreas dieran a luz, la orden fue clara; si el bebé era un varón, debían matarlo. En su manera de pensar, faraón creía que las parteras, por envidia, no iban a permitir que otras dieran a luz a un hijo. Estas mujeres nunca habían podido concebir, y mucho menos dar a luz, así que la intención de faraón fue usar los celos para llevarlas al punto de asesinar lo que ellas jamás iban a poder obtener. Una de las estrategias más comunes del enemigo es despertar la envidia entre nuestra propia gente, ya que el celo es la misma emoción cegadora que fue efectiva en llevarlo a traicionar a su propio Dios (Ezequiel 28:1219). La Biblia dice que aquellas parteras se negaron a obedecer al faraón; por lo tanto, el favor de Dios se manifestó sobre ellas. Por haber ayudado a esas mujeres hebreas a lograr sus sueños de ser madres, Dios las bendijo y les sanó su matriz. Cuando tú te conviertes en colaborador para que otros alcancen el sueño de Dios, también descubrirás la bendición de Dios manifestada en tu vida. Todo lo que antes te era imposible lograr, el favor de Dios lo ordenará posible.

A los nueve años de edad, estando en el cuarto grado había un bully (abusador) en la escuela. Todos los estudiantes le tenían miedo pues aquel chico intimidaba aun a los maestros. Tanto fue que me atrevo a decir que ellos también lo aborrecían. Él siempre andaba haciendo maldades y nadie podía corregirlo. Para ser un niño, mostraba mucha crueldad en su corazón. Un día ese bully me retó a pelear y como no acepté, me dio la paliza del siglo.

Saliendo de la escuela me agredió, tomó mi rostro y lo barrió contra toda la nieve que existía en la calle. Cuando mi papá llegó a buscarme, me encontró todo herido, con la cara cortada por la nieve. Para completar, una amiga le dice a mi papá que yo no me quise defender. Cuando mi papá me preguntó el porqué no me defendí, mi contesta fue: "Es que yo soy un evangelista y Jesús dijo si alguien me pega, mi deber es darle el otro lado de mi cara". Creo que mi respuesta le molestó mucho más que verme con mi rostro golpeado. Por supuesto, ningún padre quiere ver a su hijo lastimado y mucho menos porque alguien sienta ganas de abusar de él. Recuerdo que cuando llegué a casa, mi papá llamó a mis tíos e incluso a mi abuelo de crianza quien era mi pastor.

Todos llegaron a mi casa preguntándome una vez más el porqué no me defendí. Al escuchar mi respuesta cada uno de ellos se enojaron conmigo. Para darles a ustedes un poco más de trasfondo, mi papá y mis tíos practicaban el boxeo como deporte. Solo por falta de disciplina nunca llegaron a ser profesionales. Ellos me habían enseñado cómo defenderme ya que teníamos hasta un gimnasio y cuadrilátero en el sótano de un edificio que mi abuelo de crianza atendía. Al verme golpeado, ellos se turbaron pues no entendían el porqué yo no peleé con aquel bully. De repente, mi abuelo, lleno de coraje me dice: ¡"Tú no eres ningún evangelista y mañana vas para la escuela y le vas a dar duro a ese bully porque usted sabe boxear"! Su respuesta me dio más fuerte que los golpes de aquel bully. Yo hubiera preferido los puñetazos de que aquel intimidator en vez de escuchar desde la boca de un ministro que Dios no tenía propósito conmigo. El oír las palabras: "Tú no eres un evangelista", para mi equivalía a que él me dijera: "Tú no tienes ningún llamado de Dios". La verdad era que sí, yo sabía pelear y no le tenía miedo al chico, pero más que nada, amaba a Dios y no deseaba ofenderlo. Sobre todo, sabía y entendía que Dios es un Dios de paz y no de contiendas. De igual modo pensaba si luchaba, arruinaría los planes de algún día ser evangelista.

Al día siguiente, me levanté en la mañana y le dije a Dios: "Papá Dios, hoy tengo que pelear en la escuela. Si no peleo me voy a buscar un gran problema con mi papá, mi abuelo y mis tíos. Te pido que me perdones y que después de esto, yo pueda seguir siendo un evangelista".

En mi inocencia, llegué a creer que perdería el ministerio y los dones que Dios tenía para conmigo que esa pelea iba a arruinar el plan de Dios para conmigo. La realidad es que muchos adultos le han fallado a Dios y hoy todavía piensan al igual que yo cuando niño. Consideran que por haber cometido una falta, Dios les arrebatará sus dones o aun su llamado. Más los dones son irrevocables, una vez Dios los da, jamás los quita (vea Romanos 11:29). La Biblia habla de grandes hombres de Dios quienes en algún momento fallaron. Adán, Noé, Abraham, hasta el Apóstol Pedro quien negó a Jesús, no solamente una vez, sino tres veces. Aún así, Jesús se le aparece después de Su resurrección y le dice: "Apacienta mis ovejas" (Juan 21:17, RVR1960).

Para ser claro, no establezco este principio como una licencia para fallarle a Dios cuantas veces te de la gana. Más bien, para que entiendas que el propósito de Dios para tu vida va por encima de tus errores. Cuando Dios llamó a Abraham, sabía que en su corazón existía un Ismael. Este asunto no se trata de tus errores, se trata de propósito. En todo esto he aprendido que aunque somos seres humanos propensos a errar, Dios nunca nos fallará. Él siempre cumple sus promesas. Si Dios lo dijo, Él lo hará, aún por encima de tus errores. Porque el éxito no se determina por lo que logres hacer, sino más bien por lo que Dios dijo que iba a hacer.

Recuerdo llegar a mi escuela, cuando a la hora del almuerzo, apareció mi papá. Se me acercó y me dijo: "Vas a pelear, y yo estoy aquí para defenderte de tus maestros y del director de la escuela". Te podrás imaginar los nervios que yo tenía en ese momento. Las manos me sudaban y mi corazón palpitaba a una velocidad rápida. Todos mis amigos me decían: "Rafael, ¿de verdad vas a pelear"? Seguido por: ¿"Pero no eres cristiano, Rafael"? Les respondí a todos: "Es cierto. Soy cristiano, pero la Biblia también dice que tengo que honrar a mis padres. Y mi papá quiere que yo le dé una paliza a este abusador".

Entramos a la cafetería de la escuela. Todos los niños estaban haciendo fila para tomar su almuerzo. Mientras se organizaban, hablaban entre sí mismos, diciendo: "Rafael va a pelear hoy". Dios mío, aquello fue como si anunciaran que Mayweather iba a pelear con Pacquiao. Todos los niños estaban en la expectativa de lo que iba a pasar pues sabían que yo era cristiano y que nunca había peleado con nadie. Siempre me llevé bien con todos mis compañeros de escuela y con mis maestros de clase. Nunca perdía la oportunidad de hablarles de Jesús.

Mi papá se paró en una esquina y me gritó: "¡Viene! ¡Ahora es!" El bully se paró frente a mí y me desafió una vez más. Todos los niños dejaron de comer para presenciar lo que iba a pasar. Quizás, estés pensando que esta es la parte de la historia donde aparece un ángel. ¿Adivina qué? Yo también estaba esperando que un ángel se revelara a ese bully, pero nadie apareció. Ahí me cuadré como todo un boxeador y el bully se turbó. Cuando tiró el primer puño, yo me bajé y mi papá gritó: "Jab, jab, derecha, gancho" y así mismo hice. Cuando miré hacia abajo, el bully estaba en el suelo y no podía reaccionar. Todos los niños gritaban porque alguien finalmente lo enfrentó.

Se escuchaban los aplausos y gritos de los niños, incluso de los adultos que trabajaban en la cafetería. Mi papá me abrazó y me levantó como si hubiera ganado un campeonato. Me sentí como en la película de Rocky 4 cuando Rocky Balboa venció al ruso. Lo único que faltaba era que me pusieran la bandera de los Estados Unidos por encima.

Pero cuando vi al bully noqueado en el suelo y sin reaccionar, escuché una voz maligna que me dijo: "Lo mataste. En vez de ganártelo para Cristo se lo entregaste al infierno. Ya no eres un evangelista". Sí, a la edad tierna de 9 años, yo padecí este episodio en mi vida. Comencé a llorar. "Papi lo maté. Papi, ¡NO!" De momento, levantaron al bully y él comenzó a recuperarse. Se podrán imaginar aquel alivio que sentí. En consecuencia, mi papá, el bully y yo, terminamos en la oficina del director de la escuela. La verdad es que mientras caminábamos hacia la oficina, aunque los niños gritaban: "¡Tú ganaste, tú ganaste!", yo me sentía muy mal. Estaba convencido de que Dios estaba triste conmigo y solo al pensar en esto me dolía en el corazón. Creía que nunca más iba a ser un evangelista. ¿Alguna vez has escuchado del "amor a primera vista"? Es el momento cuando un chico ve por primera vez al amor de su vida, enamorándose inmediatamente de ella, volviéndose incapaz de resistir vivir ilusionado de ella. Imagínese eso y comprenderá mejor como me sentí cuando Dios me mostró su llamado para mi vida. Enamorado e ilusionado. Más ahora, en un momento triste, presentía que había perdido el amor de mi vida. Predicar la Palabra de Dios se convirtió en una fantasía que nunca ocurriría para mí.

Como resultado de la reunión con el director de la escuela, suspendieron al bully y a mí me felicitaron por haber ganado. Me regalaron el resto de la tarde libre para irme para mi casa con mi papá. Mi papá llegó a mi casa y con mucha alegría les contaba a todos cómo su hijo se defendió y noqueó al bully de la escuela. También les decía cómo el director de la escuela no me disciplinó por lo sucedido, sino que me felicitó y aun me dio el resto de la tarde libre. De inmediato mi papá comenzó a hacer planes conmigo. Me dijo: "Tú vas a ser un buen boxeador. Vamos a comenzar a entrenarte". Enseguida mi papá me compró todo el equipo necesario para boxear. Tenía listo a aquellos que iban a trabajar conmigo. Le supliqué y le dije: "No papi, yo voy a ser un evangelista", más su respuesta fue: "¡Qué evangelista, ni qué evangelista! ¡Usted va a ser un boxeador!" Recuerdo entrar en mi cuarto para hablar con Dios y le dije: ¿"Por qué permitiste que peleara"? ¿"Por qué no apareció un ángel"? "Quiero vivir lo que soñé. Quiero ser un evangelista". Dios no me envió el ángel pero me envió un profeta.

La pelea sucedió un martes y el domingo de esa semana, como acostumbrado, llegamos a la Iglesia para el servicio. Durante el viaje en el auto, mi papá me contaba de que tenía todo listo para que yo comenzara a boxear. Esa misma semana comenzaría a entrenarme en el boxeo, aunque todavía existía dentro de mí una gran tristeza. Entramos a la Iglesia y como de costumbre me arrodillé para orar. En mi oración, le pedí a Dios que hablara por mí, ya que nadie quería creer que yo tenía un llamado para ser un evangelista. Esa noche, nuestro invitado especial era un joven profeta llamado Carlos Ramírez Jr., muy conocido como Carlitos. Mientras él predicaba, yo decía dentro de mí: "quiero ser como él, pero nadie me cree". Aquel joven cargaba una unción muy fuerte que venía acompañada de dones. El profeta Carlos Ramírez Jr. fue uno de los primeros evangelistas que he visto llamando a la gente por su nombre, apellido y hasta su número de seguro social. Por donde quiera que iba, Dios hacía milagros impresionantes.

Esa noche, no solo llamó a varias personas por sus nombres, sino que comenzó a orar por los enfermos y Dios los sanaba. A la hora del llamado, pasé adelante diciendo en mi corazón: "Quiero ser como ese joven. Yo quiero lo que él tiene". Durante la predicación note que Carlitos lo hacía precisamente como me había visualizado predicando en mi sueño. Así que yo quería que él orara por mí. Pensé que tal vez a través de su oración, Dios me daría una oportunidad más para poder llegar a ser un evangelista. Mientras voy pasando para el altar, recuerdo claramente que una mujer me dijo:¿"A qué vienes"? "Vuelve para tu asiento que se está orando por la gente". Lo que experimenté en ese momento fue muy similar al caso en que Jesús tuvo que decir a sus discípulos:

"Dejad los niños venir a mí, y no se los impidáis; porque de los tales es el reino de Dios".
(Lucas 18:16, RVR1960)

Cuando di la vuelta para regresar a mi asiento, Carlitos me llamó y me pidió que me acercara a él. Al llegar delante de él, estaba quebrantado y temblando delante de Dios porque el Espíritu Santo me estaba tocando. Preguntó por mis padres y ellos se pararon a mi lado. Entonces, fue allí donde, delante de todos, él me dice de parte de Dios: "Te vas a poner los guantes de boxeo, pero es para pelear contra el diablo y su imperio". Mirando a mi papá, continúa: "Esta semana el enemigo le tenía una trampa a este niño, pero hoy Dios rompe esa trampa. Él no es un boxeador. Él es un evangelista". De inmediato mis padres comenzaron a llorar mientras aquel profeta de Dios les da ciertas instrucciones sobre cómo cuidar de mí. A continuación me dice: "Así te dice el Señor: viajarás a predicar mi Palabra a las naciones. Orarás por los enfermos y ellos sanarán y serás de mucha inspiración al mundo llevándoles Fe a aquellos que no tienen ninguna. Muchos vendrán a Jesús a través de ti". Al instante, como confirmación de que era Dios que estaba hablando, bajó una Gloria sobre todo aquel pueblo que escuchaba.

Luego, el profeta me ungió con aceite y me presentó a Dios. Esa misma noche, Carlitos me puso a orar por la multitud que estaba delante de él. Sentí en aquel momento que por primera vez todos estaban creyendo en el llamado que Dios tenía sobre mi vida. Pedían que yo les pusiera las manos y orara por ellos. Cuando Dios tiene un propósito mayor para tu vida, Él desatará una Palabra a favor de ti la cual será suficiente para animarte. Esa misma Palabra abrirá caminos a tu favor que te llevarán a lograr la realización completa de esa promesa.

Esa noche, llegué a mi casa muy contento. La alegría era tan grande que no pude dormir. Acostado en la cama miraba hacia el techo y me imaginaba viajando por el mundo llevando un mensaje de Fe y esperanza. En esa escena, pude ver mi vida futura; predicando la Palabra de Dios con poder, orando por enfermos y viéndolos sanarse.

Lo que no podía saber era cuánto me iba a costar todo eso…

Capítulo 4

Entrenamiento

En la vida todo tiene su tiempo y todo tiene un período de espera. Cuando una mujer escucha noticia de que será madre, entra en nueve meses de expectativa. Durante ese plazo de tiempo su vientre y la criatura dentro de ella, comienzan a experimentar cambios. Estos cambios son más bien desarrollos. Cada semana y cada mes la criatura comienza una etapa nueva de formación hasta que finalmente está lista para nacer. El noveno mes, la madre recibe alegremente a su bebé en sus brazos. Si por alguna razón, el bebé nace antes de los nueve meses, es considerada una criatura prematura y corre el riesgo de llegar al mundo deformado o, peor aún, enfrentarse la muerte. Por lo tanto, la espera es muy importante, ya que ese tiempo es fundamental en desarrollar todo lo necesario para un fin saludable.

Para mucha gente, la palabra ESPERAR significa tomar asiento y no hacer nada en absoluto. Para ellos, es estar quietos y sin ningún movimiento. Más eso no es necesariamente el caso. Esperar requiere algo de acción, con el fin de preparar la atmósfera para el cumplimiento de lo que está por venir. Tus esfuerzos desarrollarán todas las fases necesarias para que puedas tener una criatura fuerte y saludable, en el tiempo de dar a luz. En mi caso, mi periodo de espera me estaba preparando para traer a este mundo un sueño y para realizar la vocación de convertirme en un evangelista. La Biblia dice:

"Pero los que ESPERAN en Jehová tendrán nuevas fuerzas; levantarán alas como las águilas; correrán, y no se cansarán; caminarán, y no se fatigarán".
(Isaías 40:31, RVR1960)

"Espera al SEÑOR; esfuérzate y aliéntese tu corazón. Sí, espera al SEÑOR".
(Salmos 27:14, LBLA)

En el libro de Isaías, la Palabra nos pinta un retrato sobre la calidad de vida que resultará en aquellos que aprenden a esperar en el Señor. Recobrarán tanta energía que su nivel de alcance y tolerancia será fuera de lo normal. "Correrán, y no se cansarán; caminarán, y no se fatigarán". Más en el siguiente Salmo, aprendemos sobre la responsabilidad de aquellos que esperan en el Señor. Entre el verso vemos dos palabras claves, esfuérzate y aliéntate;

ambas describen acción. "Esfuérzate", implica añadir energía en medio de la dificultad. A menudo Dios nos llama a ir en contra la corriente y esto requiere sacrificio. No te rindas, sigue adelante. "Aliéntate", envuelve provocar nuestra voluntad propia ante el desánimo. Esta acción tiene todo que ver con tu actitud. El desaliento vendrá de parte del enemigo y a veces aun de aquellos que amamos. Cuando nadie más creé en lo que Dios te ha revelado, tienes que aprender a animarte a ti mismo. Confía en el Señor y mientras se te cumple el sueño, ve tomando pasos de preparación. Entonces, cuando llegue el momento de la realización, podrás evitar un fracaso por falta de preparación y lograrás ver tu sueño saludable.

Una vez que Dios confirmó mi sueño en público, mi papá comenzó a ayudarme a tomar pasos hacia el adiestramiento. Ahora en vez de entrenarme para el boxeo, me estaba alistando para ser un evangelista. Recuerdo que al llegar la Navidad mis padres me regalaron una máquina de karaoke con el fin de educarme en cómo hablar por un micrófono. Siempre he mencionado que mi padre tiene el arte de la predicación. Aquellos que lo conocen bien, dicen lo mismo. "Tener el arte" es poseer la habilidad de trasmitir a otros la capacidad de entender y gozar de un mensaje aunque no tengan ningún conocimiento bíblico. Con tal maestría, el exponente logra trasladarte hasta vivir todo lo que te está comunicando.

Junto a mi padre, aprendí a pararme frente a una audiencia y transmitir mi mensaje. A saber la diferencia entre cómo y cuándo debo elevar mi tono de voz. También me instruyó sobre la manera de expresarme con autoridad, hablado con la seguridad de que lo que estoy diciendo es verídico. Sobre todo, me capacitó en siempre recordar que tenemos una asignación divina cuya toda Gloria es de Dios. Que mientras más Dios nos use, más humilde tenemos que ser. Mostrar compasión continuamente a la gente es nuestro deber. De nada me sirve ser un gran predicador y salvar almas para el Reino de Cristo, si al fin mi alma se pierde. Finalmente, me mostró que el ministerio no es un lujo sino una gran responsabilidad.

A esa edad temprana comencé a visitar los hogares de ancianos y los hospitales para orar por los enfermos. Cada jueves mi papá y yo, visitábamos una capilla llena de ancianos donde yo les predicaba, y luego oraba por ellos, uno por uno. Después de ministrarles, entramos en las habitaciones de todos los ancianos que estaban confinados en sus camas y no podían llegar a la capilla.

También predicamos en la calle. Mi padre predicaba en español y yo le traducía el mensaje al inglés. Él se convirtió en mi modelo, yo lo imitaba en todo lo que él hacía. A esa temporada de mi vida, Dios ya había cambiado muchas cosas en mi padre. He aprendido que siempre es importante hacer el bien. Sobre todo porque en realidad no conocemos a quiénes estamos inspirando y qué mensaje estamos transmitiendo a aquellos ojitos que nos están mirando.

Soy un creyente fiel en que los mensajes más escuchados no son los que se predican por un micrófono. Más bien los que se viven cuando el micrófono se apaga. Papi se convirtió en mi héroe y también en mi mejor amigo. Tan pronto Dios confirmó mi llamado a través del Profeta Carlos Ramírez Jr., él se activó como un entrenador espiritual. De todos los que apoyaban mi sueño, mi papá era el más que creía en mí, respaldándome más allá del esfuerzo de cualquier otra persona.

En mi escuela, siempre fui un estudiante ejemplar. Mis maestros me amaban. Al llegar el fin del año escolar, mis maestras se despedían de mí con un beso y un abrazo. Siempre le decían a mi mamá que me iban a extrañar. En todo, fui un niño que se portaba bien en el salón de clases y por lo tanto me cedían privilegios, tales como ser el cartero de la maestra. Para aquellos días, no existían los mensajes de texto, así que cuando una maestra necesitaba enviar un mensaje a algún otro maestro o al director, siempre me seleccionaban para ser su cartero. Mi deber era llevar la carta y su mensaje desde la maestra hasta la persona intencionada. Luego tenía que esperar una respuesta, para entregarle la contestación a mi maestra. Les digo esto porque fui marcado en uno de esos días donde fui seleccionado para llevar una carta.

Para esta etapa, tenía 11 años de edad y ya tenía el bautismo del Espíritu Santo. Es cierto, a una edad tan joven, yo danzaba y hablaba lenguas angelicales. Cuando sentía la Gloria de Dios brincaba y corría por todo lugar. En el mundo de hoy, muchos les tienen temor a este acto que ocurre a menudo en nuestras iglesias evangélicas. Algunos dicen que estamos locos y llenos de pura emoción. La realidad es que la Biblia habla de esto, lo llama "llenura del Espíritu" o más bien "empoderamiento".

La Biblia dice:

"Pero recibiréis poder, cuando haya venido sobre vosotros el Espíritu Santo, y me seréis testigos en Jerusalén, en toda Judea, en Samaria, y hasta lo último de la tierra".
(Hechos 1:8, RVR1960)

En otras palabras, el Espíritu Santo te da el poder

necesario para que puedas ser un testigo del Poder de Dios en la tierra. El acto de hablar en lenguas extrañas o de brincar cuando sentimos ese Espíritu, solo indica que algo sobrenatural está sobre nosotros. Siendo un niño, pude entender que sin ese poder, jamás podría ser un verdadero testigo del poder de Dios en la tierra. En mi caso, predicar Su Palabra y orar por la sanidad de los enfermos sería ineficaz sin ese empoderamiento. Así que esto se convirtió en una de mis peticiones principales. Llegué ante Dios para decirle: "Si voy a ser un evangelista necesito el bautismo del Espíritu Santo". Al poco tiempo de pedirlo, Dios me lo entregó.

Como les contaba, fui seleccionado por mi maestra para llevarle una carta al director de la escuela. Mi salón de clase quedaba en el tercer piso, entonces, tenía que caminar hasta el final del pasillo para poder bajar las escaleras hacia el primer piso donde estaba la oficina del director. Justamente cuando estaba llegando a las puertas de las escaleras, el Espíritu de Dios vino sobre mí. Comienzo a danzar y hablar en lenguas pero nadie me escuchó. Fue un momento divino de Dios.

Mientras el Espíritu Santo me tomaba, me llevó frente a un salón. Me di de cuenta que la puerta del salón estaba abierta, pero las luces estaban apagadas. Entonces, escuché la voz de Dios que me dijo: "Entra". Al entrar, vi a una maestra en su escritorio. No habían estudiantes en su salón. Ella estaba a solas, llorando y escribiendo en un pedazo de papel. Fue allí donde escuché la voz de Dios que me dice: "Dile que aunque su marido la abandonó, yo Jehová no la abandono. Que no escuche a la voz que le dice: quítate la vida". A esos 11 años de edad, yo no tenía ningún conocimiento de lo que era un matrimonio, pero estaba seguro que el Espíritu de Dios me había enviado a ese lugar así que solo le repetía lo que escuchaba de Dios.

Aquella maestra había escrito una carta en la que se despedía del mundo, porque tenía planeado quitarse la vida. En esa carta, trataba de explicar porqué iba a suicidarse. Enseguida que le compartí las palabras que Dios me había dado para ella, sus ojos se fueron en blanco y su voz le cambió. Con una voz fea que provocaba miedo y espanto me dijo:¡"NO! ME LA VOY A LLEVAR AL INFIERNO"! Esta fue la primera vez que me encontraba en una situación como esa, nunca antes me había enfrentado a una persona endemoniada. Pero la autoridad del Espíritu Santo tomó control de mí y grité: ¡"Demonio suéltala ahora, en el Nombre de Jesús"! El demonio que estaba dentro de ella dio un grito, la maestra cayó desde su silla hasta el suelo. Corrí hacia ella. Poniéndole la mano sobre su cabeza oraba para que ella estuviera bien. De momento abrió sus ojos y me pregunta:¿"Qué me pasó"? Le contesté: "Dios me envió a este lugar porque Él no quiere que te quites la vida. Dios te ama". Aquella maestra comenzó a llorar preguntándose cómo yo podría haber sabido que ella quería quitarse la vida.

Le presenté el plan de salvación y ella aceptó a Jesús conmigo. Desde ese día hasta mi graduación, durante los siguientes dos años, mi hora de recreo cambió. En lugar de salir a jugar con los otros niños, todos los días, me reunía con ella en su salón. Allí orábamos y leíamos la Biblia juntos. Al fin, aquella maestra llegó a visitar la iglesia conmigo.

Más tarde, Dios restauró su matrimonio. El día de mi graduación, ella le contó a mi madre cómo Dios me había utilizado para salvarle la vida y cómo pudo conocer a Jesús a través de mí. Aquella maestra me abrazó fuerte y me dijo unas palabras que quedaron grabadas en mi corazón. Me dijo: "Algún día encenderé mi televisión y te veré predicando. Estás destinado para cosas grandes. Llevarás el mensaje de Jesús por el mundo". ¿Y saben qué? Yo le creí…

Capítulo 5

Sanidad Divina

Yo nunca fui el tipo de persona que espera tener campañas para ejercer su llamado. A la edad de 11 años, era presidente del ministerio de niños y músico de la iglesia. Tocaba todos los instrumentos de percusión y la trompeta. Tenía hambre y me apasionaba por todo lo que se trataba de Dios. Cada vez que hacía algo en servicio a Dios, me sentía como que me acercaba más y más al sueño de Dios para mi vida. Siempre he tendido a actuar mayor de lo que en verdad era. O sea, tenía 11 años pero hablaba como si tuviera 20 años de edad. A menudo me hallaba rodeado de jóvenes y de adultos. Ellos eran mis amigos, yo platicaba con ellos y ellos también disfrutaban hablar conmigo. A mi casa llegaban gente procurando por mí. A veces, cuando tocaban el timbre, era para pedirle a mis padres que me permitieran orar por ellos.

Mi pastor Ramón Luis Hernández, a quien considerábamos nuestro abuelo de crianza, era un hombre con un carácter demasiado fuerte. Recuerdo que a veces me ponía a predicar y por más buena que fuera mi prédica, me decía que yo no sabía de lo que hablaba; que mis prédicas no tenían sentido. Sin embargo, mucha gente llegaba llorando al altar pidiendo recibir a Jesús como su Salvador. Sus palabras me hacían llorar y lastimaban mi espíritu. Al llegar a mi casa gemía en mi cuarto y orando cuestionaba a Dios si en verdad me había llamado.

Imagínate, tener la sensación de un gran éxito cuando de repente alguien te invade, arruinando todo tu sentir, al insistir que no fuiste tan exitoso como pensabas. Pero aún así, seguí creyendo y preparándome para mi llamado. Antes de morir, mi abuelo de crianza me reveló la razón por la cual me decía las cosas que me decía. Me reveló que sí, yo sabía de lo que estaba hablando. Para mi edad yo entendía mucho más que algunos adultos. Me explicó que yo tenía un llamado divino de parte de Dios y debido al don que había recibido, él no quería me enorgulleciera. Me enseñó que el arma principal en la destrucción de todo hombre es la altivez de espíritu. Su trabajo era mantenerme siempre humilde y sencillo porque el día que yo le diera lugar al orgullo, caería desde donde Dios me había elevado. Mi abuelo estaba consciente de que sus palabras tal vez me entristecieron, y por eso me pidió perdón. Además, me dijo que tenía por seguro que nada de lo que me pudiera decir, provocaría que yo dejara de perseguir mi sueño. Al contrario, me motivaría a ser mejor. Y así fue, entraba en mi cuarto y aunque lloraba luego me sacudía y oraba con más fervor. Entrando en ayuno me preparaba aun más en la Palabra.

Yo era muy fanático de evangelistas como Yiye Ávila, Héctor de La Cruz, Carlos Ramírez Jr, Billy Graham y Rod Parsley. Ellos eran mis modelos y mi inspiración. Siempre que los veía en la televisión, me imaginaba ser como ellos. Coleccionaba sus videos y madrugaba los domingos para ver el programa de televisión del Pastor Rod Parsley. Los imitaba a cada oportunidad. Predicaba, aunque yo fuera el único en mi habitación, sin audiencia ninguna. A veces, incluso, en la ducha, predicaba. Mi madre tocaba la puerta del baño y me decía: "Es hora de hacer el llamado, hay otros que también tienen que ducharse". En muchas ocasiones, iba a limpiar la iglesia con mi papá. Cuando terminábamos, me subía al púlpito y comenzaba a predicar. Mi papá me apoyaba, me escuchaba y luego me corregía. Él me ayudó a perfeccionar mis sermones.

A menudo leía "Sanidad Divina", un libro escrito por el evangelista Yiye Ávila. A través de ese libro aprendí acerca de los milagros. Orar por los enfermos siempre ha sido mi pasión. Estaba infinitamente fascinado por la posibilidad de presenciar milagros creativos. Aprendí a tener Fe y a pedir lo imposible. La Fe es la clave de cada milagro, y el canal de autoridad por el cual declaramos las cosas hechas, pero solo a través del Nombre de Jesús.

Jesús dijo:

"Y estas señales seguirán a los que creen: en mi nombre echarán fuera demonios; hablarán nuevas lenguas; tomarán en las manos serpientes, y si bebieren cosa mortífera, no les hará daño; sobre los enfermos pondrán sus manos, y sanarán"
(Marcos 16:1718, RVR1960).

En el verano del 1997, mi abuelo, movido por Dios, me invitó a predicar. Excepto que esta vez no fue dentro de la iglesia. En cambio, fue en el estacionamiento, al aire libre, con una tarima grande, así como en las campañas de Yiye Ávila y de Billy Graham. Yo no lo podía creer.

La oportunidad que había deseado toda mi vida, ahora estaba ante mí. Oré y ayuné como nunca antes. Esta vez, estaba decidido predicar tal como lo había soñado. Para otros esto sería un servicio común, sin embargo, para mí era el cumplimento de un sueño. Aun con todo mi entusiasmo, no podía saber que esto era el comienzo de algo poderoso en mi vida. Esta ocasión marcaría claramente un antes y un después en mi historia. Llegó el día, el 14 de agosto de 1997. Subí a la tarima, que cubría gran parte del estacionamiento de nuestra iglesia, Getsemani, en Newark, NJ. Me temblaban las piernas y el corazón me latía con fuerza. Mientras el público llegaba y se acomodaban afuera en sus sillas, yo estaba dentro del templo orando en el altar. Les confieso que hoy en día, incluso como adulto, todavía me tiemblan las piernas. Todavía siento mi ritmo cardíaco acelerando a gran velocidad, porque el poder no me pertenece; este poder, es el poder de Dios. No soy yo quien sana a la gente; Dios está operando a través de mis manos. Él es quien sana. Yo dependo de Él y únicamente de Él.

Aparecí en el escenario justo a tiempo para predicar. Frente a esa gran multitud, cerré los ojos y me encomendé a Dios. Prediqué bajo el tema "Sanidad Divina". Mi mensaje duró unos 25 minutos y enseguida que terminé mi sermón, la gente comenzó a correr a la tarima.

Algunos querían aceptar a Jesús, y otros necesitaban un milagro. Mi abuelo tomó el micrófono y se dirigió a la multitud. Les dijo que Dios le había dado instrucciones específicas para ungirme como evangelista esa misma noche. Antes de que pudiera orar por el pueblo, primero yo necesitaba ser ungido para el oficio de evangelista. Mis padres subieron a la plataforma y mi abuelo sosteniendo el aceite de la unción dijo: "Rafael Cuevas Jr, hoy, 14 de agosto del 1997, como ministro ordenado por Dios, te unjo para el oficio de evangelista. Te separo para el ministerio, para que prediques la Palabra de Dios a las naciones, con el fin de traer vidas a Jesús y para que cuando ores por los enfermos, ellos sean sanados". En ese momento comenzó a derramar el aceite sobre mi cabeza mientras decía las siguientes palabras: "El Espíritu del Señor está sobre ti". Inmediatamente, sentí que algo sobrenatural fluía sobre mi cabeza gravitando a través de mis piernas. Mientras descendía sobre mí, yo danzaba y hablaba en lenguas. A la misma vez todos los que presenciaron aquel hermoso momento, también hablaban lenguas y danzaban. Otros lloraban. Fue una confirmación divina de que el cielo me había apartado para una obra sagrada en la tierra.

No solo se salvaron vidas en esa noche, sino que hubo muchos milagros creativos.

Las personas con andadores comenzaron a moverse libremente. Empezaron a crecer manos y pies cortos. Todo lo que había visto de Yiye Ávila en la televisión, Dios comenzó a hacerlo a través de mis manos. Los enfermos se estaban sanando. Después de orar por un hombre que llegó al evento con una rodilla fracturada, fue sano al instante. Él comenzó a caminar y a correr por todo el estacionamiento gritando que ya no le dolía la rodilla. Declaraba que Dios lo había sanado. Días más tarde el mismo hombre testificaba que fue al hospital para hacerse unos exámenes y los médicos no pudieron explicar cómo su rodilla estaba intacta. Era como si nunca se le hubiera fracturado la rodilla.

Esa noche, después de tantas lágrimas y abrazos llegué a mi casa dándole gracias a Dios. Sentí algo tan diferente en mi espíritu. Algo muy hermoso que no se puede describir. Estaba seguro de que mi vida jamás sería igual. Cargaba sobre mis hombros una gran responsabilidad. A la misma vez, me sentía honrado de que Papá Dios me había escogido para llevar a cabo tal privilegio como lo es llevar Su Palabra al mundo.

Después de unos días en oración, alguien me preguntó cuál sería el nombre del ministerio. "Sanidad Divina", les respondí. A partir de ese momento, comencé a llevar un mensaje de Fe y esperanza al mundo. Con el nombre de Sanidad Divina, declaré que a través de la Fe en Jesús, todo es posible. El tiempo de los milagros aún no había pasado. Dondequiera que Dios me llevaba a predicar Su Palabra, ocurrían milagros. Tenía apenas 11 años de edad, cuando comencé a viajar con mis padres. Siempre que mi compromiso de predicar quedaba cerca de mi iglesia, toda la iglesia se reunía para llegar al evento conmigo.

Sé lo que es ir a eventos con más de 100 personas detrás de ti. Ver multitudes bajándose de grandes autobuses, solo para entrar a los lugares donde es tu turno predicar. La gente me llamaba "el niño predicador". Los escuché mientras declaraban con confianza que yo cargaba algo especial de parte de Dios. Algunas personas, incluso testificaban sobre el momento que yo tomaba un micrófono. Decían de mí, este niño cambió por completo. Era Dios mismo quién ministraba. Un niño con esa edad no tenía la habilidad de fluir con esa unción y en esa dimensión.

Vivía muy apasionado por la predicación. Nunca me avergonzaba de mi llamado ni tampoco mucho menos de mi Salvador Jesús. Pues si nos avergonzamos de Él en la tierra, Él se avergonzará de nosotros delante de su Padre. Pero si en la tierra lo honramos, en el Cielo Él nos honrará delante de Su Padre.

"Porque el que se avergonzare de mí y de mis palabras en esta generación adúltera y pecadora, el Hijo del Hombre se avergonzará también de él, cuando venga en la Gloria de Su Padre con los santos ángeles".
(Marcos 8:38, RVR1960)

Digo esto porque aun en la escuela predicaba. Mi teoría era, si los que venden drogas no se avergüenzan de lo que hacen, ¿por qué debería avergonzarme por algo que libera a la gente? Cuando entré a la Escuela Superior, me hice parte del coro de Gospel de nuestra escuela. Una instancia "repentina" de Dios ocurrió durante una de nuestras presentaciones escolares frente a 850 estudiantes. Hay momentos en la vida que solo sucederán una sola vez. Oportunidades que se presentan para que puedas realizar tu sueño. Algunas puertas se te abren, otras tienes que derribarlas. En medio del concierto, algo o alguien le apagó el piano al director del coro. Después de 30 minutos de adoración la música se deja de escuchar. El director de música desesperadamente buscaba arreglar el problema mientras todos los estudiantes comenzaron a gritar y a burlase de nosotros. Te podrás imaginar la vergüenza que todos estábamos comenzando a sentir.

Lo único que seguía funcionando eran los micrófonos. En ese desespero, habían pasado tres minutos y los estudiantes estaban revueltos. Por más que los maestros les decían que se callaran, no escuchaban. El director del coro me miró y me dijo: "¡Rafael! ¡Predica!" Con miedo le respondí: ¡"Qué"! ¿"Aquí"?¿"Ahora"? Me respondió: "Sí. Toma el micrófono y predica hasta que solucionemos este problema" Probablemente podrás imaginar los nervios que experimenté con solo pensar que todos se burlarían de mi mensaje. Sobre todo me preguntaba qué iba a decir a estos 850 estudiantes, ya que no estaba en la iglesia, sino en el teatro de la escuela.

Pero luego escuché la voz de Dios que me decía con autoridad: "Para esto te llamé". De repente me llené de valor y agarré el micrófono. "Soy Rafael Cuevas Jr. y hoy les tengo un mensaje departe del Cielo". Todos en el teatro entraron en silencio, curiosos por escuchar aquel mensaje de parte del Cielo. "Hoy les vengo a hablar no de una religión, sino de una relación. En este día, nuestros amigos están reunidos para ofrecerles un concierto, pero en realidad, solo estamos adorando a Jesús delante de ustedes. Compañeros de clase, Jesús es el Hijo de Dios, enviado al mundo para que todos pudiéramos ser salvos. A través de Él nuestros pecados son perdonados y tenemos garantía de vida eterna."

Continue diciendo: "La verdad es que muchos de ustedes, aquí mismo en este lugar, están viviendo con la apariencia de que todo está bien, mientras hay un inmenso vacío en sus corazones. Para lograr llenar ese vacío en tu ser, corres hacia los cigarrillos, la marihuana o el alcohol. Te entregas a tu novio o a tu novia. Te haces parte de una ganga o pretendes ser parte del grupo más popular de la escuela. Pero hoy Jesús está aquí para liberarte, para sanar tus heridas. Así como muchos de ustedes no se avergüenzan de fumar ni de fornicar, yo tampoco me avergüenzo del evangelio porque es poder de Dios. Jesús quiere llenar ese vacío. Él te dice: 'Venid a mí todo los que estén trabajados y cansados y yo los haré descansar' (Mateo 11:28, RVR1960). Dios nos entregó un regalo llamado el Espíritu Santo quién mencionamos hoy en nuestras canciones. Él es mucho más que brincos y gritos. Él, es poder Divino. Él, es consolador. Él, es amigo. Él, es hermano. Él, es Padre. Él, es Madre. Hoy Jesús quiere que salgas de aquí con Él, porque 'si el Hijo os libertare, seréis verdaderamente libres'" (Juan 8:36, RVR1960).

Mientras decía aquellas palabras, comencé a notar que los maestros lloraban. Los estudiantes, incluso el director de la escuela también lloraban. Algunos jóvenes temblaban y decían que se le paraban los pelos. El Espíritu Santo los estaba tocando. Cuando hice el llamado muchos pasaron a la tarima. Otros simplemente levantaron sus manos, pero todos escuchaban el mensaje que se les predicaba. Ellos prestaban atención con mucho respeto. Al culminar el mensaje, tan pronto que inicio la oración de arrepentimiento, el piano comenzó a funcionar de nuevo. El coro comienza a cantar y así concluimos aquel concierto. Después de lo sucedido, pasé mis años de Escuela Superior viajando los fines de semana, predicando en muchos lugares. Los lunes, llegaba justo a tiempo para comenzar la semana de clases. Así fue mi vida, hasta terminar mi Escuela Superior. Los maestros y mis compañeros de clase me llamaban: Reverendo. Fueron de gran apoyo a mi llamado, pues aquel día, en que les prediqué, Dios plantó en ellos favor y gracia para conmigo.

Predicaba el mensaje que más me apasionaba, Sanidad Divina. En mis viajes oraba por los enfermos y Dios los sanaba delante de todos. Semana tras semana, veía milagros ocurrir delante de mis ojos, pero por mí mismo nunca había experimentado un milagro. Siempre fui un muchacho saludable. Más, te pregunto, ¿cómo hablar con autoridad sobre un Jesús que sana a los enfermos, si nunca te has enfermado? Si nunca has recibido un milagro de sanidad, ¿cómo puedes describirle a otros el proceso de confiar en Jesús quién levanta y restaura? Aquel que se siente como que nunca ha caído y nunca ha perdido nada jamás podrá entender la plenitud de la Gracia de Dios.

Todo eso estaba a punto de cambiar. No es lo mismo predicar sobre la experiencia de otro como lo es predicar sobre uno mismo. Mi vida estaba al borde de un giro muy violento. Estaba a punto de descubrir, de qué material estaba realmente hecho. ¿Era realmente un evangelista? ¿O era simplemente una copia de algo que vi en la televisión? La próxima prueba de mi vida estaba a punto de revelar todo esto y mucho más.

Capítulo 6
Esto No Fue Lo Que Yo Soñé

Durante mis años de escuela secundaria, mis padres comenzaron a pastorear una pequeña congregación que pronto creció a una velocidad notable. Como mencioné unos capítulos atrás, mi papá tiene el arte de predicar. Mucha gente llegaba para escucharlo hablar. La ubicación de la iglesia estaba situada en uno de los lugares más peligrosos que tenía Newark, NJ. El crimen y la venta de drogas abundaban, pero Dios nos envió allí. Debo confesar, al principio, mis hermanas y yo estábamos aterrorizados de estar en ese vecindario. Sin embargo, a los pocos meses de originar el ministerio, notamos un cambio masivo en aquella vecindad. Cada vez que mi papá predicaba, la gente se amontonaba al frente de la iglesia para escucharlo. Mi papá se ganó fácilmente el cariño de la gente. Incluso, los narcotraficantes le pedían oración y decidieron pausar las ventas de drogas durante las horas de los servicios. De hecho, mudaron su negocio de drogas a otra calle.

En su tercer año como pastor, mi papá comenzó a sufrir mucho de alta presión. Él tomaba muy a pecho los muchos problemas graves de la congregación y eso afectó su salud. A los 16 años comencé a vivir lo que pensaba ser imposible; mi padre cayó en un descuido espiritual y severo por el cual regresó a las drogas. ¡Después de tantos años sin consumir heroína! ¡Después de vivir una vida libre de aquel monstruo! Una vez más, mi papá era adicto a las drogas.

Yo estaba en pleno desarrollo ministerial, todavía asistiendo a la escuela secundaria y viajando todos los fines de semana para predicar. Al esto suceder, mi padre deja su oficio como pastor y mi corazón se destroza. Se me hacía imposible entender cómo es que el hombre que me enseñó la Palabra de Dios, había vuelto a las drogas. ¿Qué cosa pudo haberle hecho volver a ese mundo de maldad? Yo padecía de la pérdida de mi héroe. Me sentía que literalmente arrancaron todo lo que era mi inocencia. Me encontraba abandonado y traicionado. Él era mi mejor amigo, mi compañero de viaje, mi escudero, mi protector, mi coordinador y mi maestro. Y ahora ya no estaba presente, pues la droga tomó posesión de él. Créeme, cuando digo que hicimos todo para ayudarlo, pero nada funcionaba. Llegamos a confinarnos en la casa para que él pudiera romper aquel vicio, "a sangre fría" como dice el refrán. Ver a mi papá dando brincos en la cama y en puro verano temblando de frío como si la casa estuviera congelada, fue una experiencia se ha quedado grabada en lo profundo de mi corazón. Llegué a ser una cobija humana para que su cuerpo se calentara y no se estremeciera de frío. Nos vimos obligados a llevarlo constantemente al baño. Si no era para vomitar, teníamos que bañarlo ya que el agua le aliviaba los dolores. En esa condición perdió todo control de su cuerpo y llegó hasta a ensuciarse encima. Pero aún así poco después de romper con aquel vicio, volvía a las drogas.

Desde los 16 años, me tuve que encargar de mi casa. A esa edad temprana, tenía que ayudar a mi mamá en todo lo que podía. Esforzado a intercambiar ser un joven para hacerme un hombre, sobre mis hombros, sentía una gran responsabilidad que en verdad no me correspondía.

Me parecía como que estaba viviendo una pesadilla. Ahora me doy de cuenta que para que mi sueño se hiciera realidad, primero tenía que vivir una gran pesadilla.

Nada fue igual… Todo cambió. Aquel hogar feliz, se volvió en una casa infeliz, así como una vez lo fue al principio de esta historia. Los cumpleaños nunca más fueron iguales. Las Navidades que siempre celebrábamos en grande, también dejaron de ser. Aún así yo me esforcé todo lo que pude para que en mi casa hubieran cumpleaños, Navidades y un pavo el día de Acción de Gracias. Mi hermana menor, Fanny, apenas tenía 12 años, ella era mi mayor preocupación. Me moví a hacer todo lo que pudiera hacer para que a ella no le faltara nunca nada. Mi madre se quedó pastoreando la iglesia en el lugar de mi padre pero mucha gente se fue. Allí tampoco era lo mismo. Comencé a viajar sin mi papá y en aquellos días hallé la verdadera definición de la soledad y el abandono. Logré predicar en muchos lugares sin mi papá. Como ya él no me acompañaba, a menudo las iglesias se quedaban con el dinero que aparentemente la congregación levantó para ofrendar a mí.

En mi ciudad, dentro de la comunidad cristiana, fui muy rechazado por la gente. Me sentí como si estuviera pagando el precio del pecado de otro. Cuando mi padre cayó en las drogas, muchas iglesias dejaron de aceptarme como predicador. Me trataron como si yo fuese el adicto. A pesar de todo, llegué a muchos eventos, no como un predicador, sino para mostrar mi apoyo. Allí saludaron públicamente a los ministros, jóvenes y adultos, a todos, menos a mí. Promovieron la participación de cada ministro que llegara al evento; yo fui la única excepción. La gente decía que yo sería el próximo en caer, y pronto me verían en una esquina vendiendo o consumiendo drogas. Pero es aquí donde descubrí que yo no dependo de mi padre terrenal sino de mi Padre Celestial.

Mi relación con Jesús me ayudó a seguir enfocado en el llamado y a continuar persiguiendo el sueño de ser un evangelista. Sobre todo, yo no le servía a Dios porque tenía un llamado, sino porque lo amaba. Estaba decidido; nada me iba a separar de Jesús. En esos momentos difíciles, lo necesitaba más que en cualquier tiempo de mi vida. Ya que en mi ciudad se negaron a recibirme en muchos lugares, Dios comenzó a llevarme mucho más lejos. En este caso se aplica el refrán común, originado por Jesús mismo que dice que nadie es profeta en su propia tierra. (vea Lucas 4:24) Mi madre alcanzó viajar conmigo a varios lugares. Ya que yo era menor de edad, en cada viaje, alguien me tenía que acompañar. Cuando me gradué de la escuela, continué viajando sin la compañía de un adulto.

Mientras abordé muchos aviones, lloré como si estuviera en camino a un funeral, en lugar de una cruzada. Necesitaba a mi papá. En aquellas cruzadas disfruté de momentos históricos con Dios, pero no tenía a nadie con quién celebrar lo que Dios estaba haciendo. Hubieron momentos en que la Gloria de Dios descendió sobre el pueblo y los enfermos se sanaban, ocurriendo eventos sobrenaturales. En momentos como estos, no pude contener las lágrimas y empezaron a derramarse. Sin embargo, no lloraba porque estaba unido bajo la gloria manifestada, más bien porque extrañaba mi papá. Me encontraba como si fuera un niño huérfano.

Él y yo tuvimos tantas conversaciones sobre las cruzadas. Pensábamos que algún día nosotros llegaríamos a vivirlas juntos. Y aquí me encontraba, alcanzando aquellos sueños, sin mi papá. Cargaba un gran dolor en mi corazón. Todos salían de mis cruzadas alegres y libres pero yo regresaba a mi casa entristecido y pensando dónde estaría mi papá. Muchas veces él se desaparecía y nos dejaba preocupados sin la mínima idea de dónde pudiera estar. Así que ni por lo menos podía contarle cómo me había ido en la cruzada.

Logré tener grandes cruzadas como la de Turks y Caicos en el 2003, donde más de mil personas se reunieron en un parque de pelota para celebrar a Jesús. Allí vi brujos aceptar a Jesús como su Salvador y cientos de personas fueron sanadas por Dios. Cruzadas como la de Puerto Plata en el 2004 donde en presencia de mil personas comenzó a llover en la cancha de baloncesto. En medio de mi sermón, me paré con autoridad y dije: ¡"Lluvia, en el Nombre de Jesús, detente"! Al instante, delante de todo el pueblo, paró de llover. Se podrán imaginar cómo la Gloria de Dios se derramó en aquel lugar, al ver el pueblo convertirse en testigos de que aun la lluvia fuerte obedece al poder de Dios. Con todo y eso, después de esas manifestaciones gloriosas, cuando llegaba a mi casa, me encontraba frente a un caos por la condición de mi padre. Se aparecía por casa y nos robaba todo lo que encontraba. Y si no era eso, alguien nos tocaba la puerta de la casa cobrando algún dinero que mi papá le había pedido prestado. A veces, recibíamos llamadas desde la cárcel llorando para que yo lo sacara. Ya no tenía paz pues el lugar donde estaba supuesto hallar descanso después de grandes eventos, se había convertido en un infierno. No tenía ni la paz para hacer un ayuno en mi casa. A la misma vez, cuando no era que mi papá nos tenía en algún lío, era que mi mamá estaba peleando con mi papá por la mala vida que llevaba. No la culpo, pues somos humanos y la carga era demasiada. Ella llegó a pensar que con sus manos lograría cambiarlo. Recuerdo aquellas noches en las cuales me despertaban del sueño porque ella le estaba rompiendo algo en su cabeza, le estaba tirando toda la ropa por la puerta hacía fuera, o estaba utilizando la cabeza de mi papá para crear otro roto en la pared.

Cuando aquellas cosas mencionadas ocurrían en puro inverno me rompía el corazón ver el rostro de mi papá que con tristeza recogía su ropa en medio de tanto frío. A la medianoche, mientras lo observaba tomar la calle con aquel frío espeluznante; en seguida me vestía y me subía a mi auto para buscarlo. Luego esperaba hasta que mi madre se quedara dormida para colarlo dentro de la casa y así no durmiera afuera en el frío. Fanny y yo le dábamos comida diciéndole: "tienes que irte antes de que mami se levante en la mañana". Al llegar la madrugada, antes de que despertáramos, él se iba y en la noche volvía. El ciclo continuaba, yo le abría la puerta, le daba de comer y luego él se iba en la mañana. Llegamos a hacer esto muchas veces, especialmente durante el invierno.

Existieron tiempos en que lo llevaba a una clínica de desintoxicación donde le limpiaban la sangre. Después de salir de aquel lugar, duraba hasta 30 días sin usar drogas. Pasaba por lo menos un mes limpio, sin algún consumo de droga, pero al tener cualquier pelea con mi madre, se iba a buscar drogas de nuevo. Mi hermana mayor, Yajaira, no quería vivir más en ese tipo de ambiente, y por causa de esto se mudó de la casa lo antes posible. Yo no puedo culparla. Ya era una adulta, graduada de la escuela secundaria, y se esforzaba ejercer su carrera. Para evitar la frecuencia de incidentes y para evadir tiempo en casa, acepté todas las invitaciones posibles para cada evento o cruzada. Desde donde estuviera, les enviaba dinero a mi mamá y a mi hermana. A veces, lograba pasar hasta tres meses fuera de mi casa. A menudo predicaba lejos, para no tener que lidiar con el infierno en el que vivía.

Comencé a frustrarme al ver a mucha gente encontrar

la libertad cada vez que predicaba a las multitudes, sin embargo, yo no podía liberar a mi propio padre. En una ocasión, llegué a decir: "Dios, no volveré a predicar tu Palabra porque ¿cómo es que cuando yo predico ocurren milagros y vidas son transformadas, pero mi padre aún sigue siendo un adicto"? Y Él me contestó: "Porque tu trabajo es predicar y el mío es transformar". La realidad es que Dios no puede cambiar ni transformar a alguien, a menos que la persona se lo permita.

Después de un tiempo viviendo así, ya estaba cansado de mi vida. Ver nuestro sueño realizándose mientras experimentaba el mismo infierno en mi casa, prevenía que pareciera un sueño en absoluto. Con cada viaje la soledad y el abandono solo crecían. Llegué a sentirme como si no tuviera padres. Después de todo, solo me llamaban cuando tenían un problema. A nadie le importaba saber si yo había llegado con bien a mi destino, si alcancé comer o si me estaban tratando bien en los lugares donde predicaba. Muchas veces, abordé el avión sin un solo centavo para una soda. Dejando todo mi dinero en casa para que mi familia pudiera comer, tenía que esperar subir al avión para comer o beber la comida de cortesía. Con cada viaje, la carga aumentaba. Sabía que tan pronto como regresara de una victoria gloriosa, el enemigo me estaría esperando en casa. Siempre que regresaba a la ciudad de Newark, NJ sentía que la depresión me esperaba en el aeropuerto. Fue como si me abrazara y me acompañaba hasta mi casa. Nadie más llegaba a recibirme con alegría en el aeropuerto.

Estaba tan frustrado que llegué al punto de decirle a Dios: "llévame". En diciembre del 2007, a los 22 años miré por la ventana de un avión y le conté a Dios cuan solo me sentía sin tener quién me comprendiera. Además, me sentía muy avergonzado de ser un evangelista y tener un hogar como el mío. La realidad era que aunque yo tomé el oficio de sacerdote, ese no era mi hogar, le pertenecía a mis padres. Ambos por sus malas decisiones habían creado un ambiente dañino que nos robaba la posibilidad de vivir en paz.

Hay frustraciones en la vida que surgen por cuanto estamos asumiendo oficios que a nosotros no nos corresponden. En mi caso, me convertí en el sacerdote de mi hogar cuando era la responsabilidad de mi padre, no la mía. Mi papel, era ser el hijo pero las circunstancias me obligaron a tomar el timón, ya que todo se estaba yendo cuesta abajo. Nunca imaginé que Dios estaba permitiendo todo esto para formar en mí el hombre que soy hoy. A veces, Jesús no reprende los vientos de nuestras vidas porque nos están enseñando a caminar en medio de la tempestad. A vivir como aquel que tiene paz en medio de la tormenta.

Aunque miraba por la ventana de un avión y le decía a Dios que me llevara, eso no quería decir que estaba contemplando el suicidio. Solo Dios da y solo Dios quita la vida. No creo en el suicidio, y para los que cometen tales hechos, ciertamente el cielo no les espera. Lo que sí hacía en ese momento era negociar con Dios diciendo que para mi edad ya había logrado mucho en el evangelio, al menos así pensaba. A pesar de que a los 22 años yo me consideraba muy exitoso en mi llamado, ahora entiendo que los pensamientos de Dios siempre serán más altos que los nuestros.

Durante ese año, comencé a sentir una molestia en la rodilla de mi pierna izquierda. En ocasiones sentía mucha irritación y hasta dolor, pero no me preocupaba en ir a visitar algún médico. Durante mi última gira del 2007, fui a predicar en una cruzada en el estado de la Florida que iría desde Orlando hasta Tampa, Fl. Durante mi tiempo de oración, el Espíritu de Dios me habló diciendo: "Prepárate para enfrentarte a un cáncer". Entendí que aquella enfermedad la cual en muchos eventos me llevó a orar y ver a Dios sanar a tantos, ahora tocaría a mi vida. Respondí a Dios: "Si es de esta forma en la que me vas a llevar, me voy contento porque sé que he hecho Tu voluntad y que he vivido para Ti".

La vida tiene un dicho que dice: "No es lo mismo llamar

al enemigo que verlo venir". Lo había escuchado muchas veces, pero estaba a punto de descubrir lo que significaba en realidad. Ese dicho estaba por materializarse en mí.

Capítulo 7
Al Verlo Venir

Mi familia era una familia ministerial. Mi papá poseía el don de la predicación y a la vez era un maestro excelente de la Palabra, el cual cargaba una manifestación de Dios muy impresionante. Mi madre tenía el don de trabajar con niños. En el comienzo de su ministerio en la iglesia, llegó a ser la líder de más de cincuenta niños. Este departamento era dirigido por ella sola. Mi mamá se iba por las calles, buscando el permiso de los padres de nuestra vecindad para traer sus hijos a la iglesia. Ella los convencía a formar parte del grupo donde cada semana los niños llevaban un mensaje bíblico a través de obras de teatro. Mis dos hermanas dominaban el don de la alabanza y adoración. Cuando ellas cantan el cielo desciende a la tierra. Creo con todo mi corazón que esa razón el enemigo fue tan feroz en destruir nuestro hogar.

El enemigo no ataca a personas que no son una amenaza. Es más, me atrevo a decir que él no le teme a quién eres hoy; más bien tiene terror de lo que puedes ser el día de mañana. La guerra en mi casa estaba demasiado agresiva y me sentía muy cansado. Cada vez que salía para una gira, al regresar, encontraba que las cosas empeoraban. Volviendo a repetirles lo que les acabo de revelar, "me estaba desgastando emocionalmente". Agoté todas mis fuerzas tratando de cumplir mi deber como hijo junto a las responsabilidades que le correspondían a mis padres.

Recuerdo que en los primeros sermones de mi papá, lo escuchaba hablar mucho de su padre. Contaba como su papá y él eran grandes amigos aunque su papá tenía un espíritu de alcoholismo que lo atormentaba. Nos decía que de tiempo en tiempo su padre se daba al alcohol y a pesar de que tenía hijos, una esposa y un buen hogar, parecía un desamparado en la calle. Mi papá describía que algunas veces ese espíritu tomaba control de su padre y él se daba al alcohol sin volver a su casa por días. Mi papá salía a buscarlo al encontrarlo lo regresaba a su casa. Allí lo bañaba, lo afeitaba y lo recortaba. Le ponía ropa limpia y lo besaba. Lo abrazaba y le decía que lo amaba. Por un tiempo se quedaba tranquilo, sin consumir ni una gota de alcohol, pero esa determinación no duraba mucho. De repente el olor a licor saturaba la casa y simultáneamente su padre se desaparecía.

La locura de todo eso es que me acuerdo haber escuchado eso y luego pedirle a Dios nunca vivir algo así con mi papá. Los dos mayores temores de mi vida eran que mi padre regresara a las drogas o que mis padres se divorciaran. Le pedía Dios que jamás ninguna de estas dos cosas sucedieran. Después de haber escuchado a mi padre predicando esos sermones sobre su papá, ahora yo me encontraba haciendo lo mismo que él, buscando a mi padre por todas las calles. Y cuando lo encontraba me lo llevaba para mi casa. Allí lo bañaba, lo afeitaba, y lo perfumaba. Oraba por él y lo besaba. Y le decía: "Ahora te pareces al Pastor que yo conozco".

Pero la gota que reventó la copa fue en noviembre del 2007, un mes antes de que Dios me hablara sobre el cáncer. Una vez más, me encontraba, en el Día de Acción de Gracias, llorando por la ausencia de mi papá. Después de hacer una gran compra para celebrar nuestra cena, a la hora en la que mi madre nos sirvió el pavo, mi papá no estaba. Me tocó hacer la oración pero se me hizo imposible comer. Esa semana cuando llegué de una cruzada, mi papá estaba en la calle. Al salir del avión, fui directamente a buscarlo pero no lo pude hallar. Esto causó una tristeza profunda en mí. Este día feriado era un tiempo para estar con la familia, pero la mía estaba incompleta. Aún así seguí con los preparativos para la cena. A pesar de todo siempre quise que en mi casa continuáramos celebrando esos días especiales, como eran las Navidades y cumpleaños.

Mientras estábamos comiendo, sonó el teléfono y, al otro lado, estaba la voz de mi papá. Sentí gran alegría al escucharlo. Le dije: "Estoy esperando que llegues para comer contigo. ¿Por dónde andas"? Su respuesta fue que tenía hambre pero que no iba a entrar a casa a comer. Así que le pregunté dónde podía verlo, y él me contestó: "en la gasolinera". Preparé platos de comida, no solo para él, sino para mí también. En ese día hacía mucho frío. Al llegar a la gasolinera lo encontré sentado en la acera del estacionamiento. Me bajé del carro y me senté al lado de él. Le eché el brazo y le pedí la bendición.

Saqué bolso de comida y le entregué su plato. También agarré el mío y comencé a comer con él. Lloró mientras cenábamos, pidiéndome que me fuera a casa. Le aseguré: "Yo le pedí a Dios la oportunidad de comer contigo hoy, y no me iré de aquí hasta que terminemos de comer juntos. Tú no estás solo en la calle. Estoy en la calle contigo". Al final de la comida, le di algo de dinero. Le rogué que se viniera a casa conmigo pero se negó. Con lágrimas en mis ojos, me monté en mi auto mientras lo veía alejarse hasta desaparecer.

Sufría tanto que cuando Dios me dijo que me enfrentaría al cáncer, yo lo interpreté como una forma de decirme: "Aquí es donde tu misión en la tierra ha llegado a su fin. No sufrirás más dolor. Ya no tienes que vivir frustrado por el hogar en el que vives". La triste realidad definía mi ministerio como un éxito creciente, mientras mi vida personal se estaba destruyendo.

Al terminar mi última gira del 2007, regresé a casa para celebrar la Navidad. Como de costumbre, ya estaba haciendo arreglos para festejar junto a mis hermanas y mi mamá. En Puerto Rico, durante el 2006, creí que me había lastimado la rodilla izquierda mientras me esforzaba en levantar un bote. Desde entonces, entre el 2006 y el 2007 me quejaba de mucho dolor en esa rodilla. Al principio, llegué a la conclusión de que no era nada. Como un ministro que se mueve en la unción de milagros, simplemente oraba por el dolor y seguía adelante en las cruzadas. A finales del 2007, el dolor empeoró. No sabía que tenía un tumor canceroso en mi rodilla que por un tiempo estaba lentamente consumiendo los huesos de mi pierna izquierda. No obstante, ignoré el dolor para atender a mi familia durante la Navidad. Al día siguiente, la molestia se intensificó y mi rodilla tomó la forma de una bola de baloncesto.

Si pudiera describirte el dolor, sería como si alguien me estuviera apuñalando incansablemente con el cuchillo más grande de la cocina. Parecía que al pasar los segundos el dolor aumentaba aún más. No pude resistir la tortura, y decidí visitar el médico. Cuando me vio, sus palabras fueron: "Tienes que ir al hospital de inmediato, porque esto no se ve bien".

Aparentemente, él tenía una buena idea de lo que estaba sucediendo, pues la preocupación en su rostro lo denunció. De inmediato me trasladaron a la sala de emergencia, donde me esperaban con una camilla. Mi nivel de ansiedad aumentaba, no tanto por dolor, si no al ver la reacción de todos los que me recibieron en el hospital. En su tratamiento apresurado me sentía como cuando un paciente se presenta con un balazo en el pecho y todo el personal del hospital se mueve para ayudarlo.

Al presenciar todo ese movimiento, me dije a mí mismo: 'Nuni, esto está feo'. Los dolores eran tan intensos que ya no podía soportarlos, y comencé a gritar y a llorar en absoluta desesperación. Grité y al mismo tiempo oraba para que Dios me quitara el dolor. En medio de los gritos, entró una enfermera y me puso una inyección. Noté que aquel cuarto comenzó a dar vueltas y vueltas y vueltas como si nunca fuera a detenerse. Me habían inyectado con lo que consideraban la forma más potente de morfina.

Mi cuerpo no estaba familiarizado con las drogas. El único medicamento que conocía se llamaba Tylenol. Al recibir aquella inyección, solo me causó sentirme mareado, girando rápidamente. Mi papá se volvió loco; empezó a pelear con los médicos y las enfermeras. Como adicto, tenía conocimiento de primera mano sobre el verdadero daño que aquella droga podía causarme. Comenzó a llorar, pues no quería que su hijo tuviera que luchar contra los mismos monstruos que solía enfrentar. Los médicos apartaron a mis padres para explicarles que todo lo que estaba ocurriendo conmigo les provocaba preocupación. A pesar de que no me habían sometido a radiografías, ni tampoco me habían hecho un CT SCAN, según su experiencia, supieron que esto se trataba de un caso extremo.

La locura de todo esto es que le pedí a mi mamá que se comunicara con mi hermana Fanny porque esa noche me tocaba predicar en un evento en mi ciudad. Después de tanto tiempo, finalmente me estaban dando una oportunidad para predicar en mi pueblo. Yo tenía Fe en que saldría rápidamente del hospital, por lo tanto le pedía a mi hermana que me preparara la ropa para el evento. Al médico escuchar nuestra conversación me dijo: "Señor Cuevas, usted no se va de este hospital. Así que póngase cómodo porque de aquí no se levanta hasta saber qué tiene". Fue en ese momento cuando comprendí que lo que Dios me había revelado anteriormente, pronto lo escucharía a través de estos médicos.

Mis familiares, todos estaban desconcertados. No entendían cuál era la realidad lo que estaba pasando, pero en mi espíritu, yo lo sabía porque Dios ya me había preparado. Como dije antes, no es lo mismo llamar al enemigo que verlo venir. De inmediato comencé a sentir una gran tristeza porque dije: "Me voy. Llegó mi tiempo". Pensé en mi hermana Fanny, quien en ese momento era lo más importante para mí. Ella era la más joven de la casa con solo 17 años de edad. Consideré que la dejaría sola con esa batalla en casa, sin alguien que velara por ella. Pensé en el dolor que sentirían mis padres al tener que enterrarme, pues ningún padre debería enterrar a sus hijos.

Después de varios días y diversas biopsias el médico entró en mi cuarto y se sentó en una silla para hablar conmigo. Mientras observaba a este médico levantar la silla y colocarla junto a mi cama para acercarse a mí, mi corazón se convirtió en gelatina. No me pude contenerme, mis ojos comenzaron a aguarse y mi cuerpo temblaba de miedo por lo que me pudiera decirme. Aun el médico, sin mencionar ni una palabra, ya estaba llorando. Con gran tristeza, tomándome de la mano, me dijo: "Señor Cuevas, los resultados de los exámenes no son buenos. Tienes cáncer en los huesos. El cáncer se formó a través de un tumor en tu rodilla. Por no haberte atendido antes, se encuentra en su cuarta etapa. Va avanzando con velocidad devorando todos los huesos que hay en tu pierna izquierda. Lamento decirte que, en mi experiencia, te quedan aproximadamente seis meses de vida". Llorando desconsoladamente, ese médico me abrazó y luego se retiró del cuarto para permitirme un tiempo a solas. Todavía recuerdo escuchar sus pasos, retirándose lentamente de aquel cuarto. Detecté el escalofrío de la muerte entrando en aquel lugar, y la soledad se apoderó de mí. Angustiado le pregunté a Dios: ¿En qué le fallé? Mucha gente cree que si nos pasa algo terrible en la vida, es porque debemos haber hecho algo malo. Eso es un proceso de pensamientos falsos en la gente. No era que yo había hecho algo malo, más bien había hecho algo bueno. Déjame explicar, mi Fe en Dios lo llevó a confiar en mí una prueba exigente como el cáncer porque sabía que alguien más no podría manejarla. Dios sabía que tal prueba no me rompería; más bien resultaría en desatar en mí una Gloria mayor.

"Porque esta leve tribulación momentánea produce en nosotros un cada vez más excelente y eterno peso de Gloria".
(2 Corintios 4:17, RVR1960)

Ahora que el médico había dado su diagnóstico, yo estaba tratando de prepararme mentalmente y espiritualmente para lo que venía. Acondicionándome para la conversación que iba a tener con mis padres y con mis hermanas al declararles la diagnosis. Pero más que todo eso, Dios tenía una conversación pendiente para conmigo…

Capítulo 8

Hubieras Pensado Más Grande

La vida no me dio un hermano, solo me dio dos hermanas, pero sí me proporcionó a Andrés. Andrés es mi primo hermano ya que su papá y mi papá son hermanos de sangre. Esto significa que él también carga el apellido Cuevas. Andrés me lleva cinco años de edad. Cuando niños, sus padres vivían en Brooklyn, NY, así que en aquellos días, solo veía a Andrés durante tiempos festivos. Sus padres hacían grandes banquetes y toda la familia se reunía en su casa. Allí comíamos y cantábamos alabanzas al Señor. Dejé de ver a Andrés cuando su familia se mudó para Kissimmee, Fl, a mis 8 años de edad. Pero en el 2001 Dios nos volvió a unir y esta vez para trabajar juntos en el Reino de Dios.

Durante la última gira del 2007, al Dios decirme que me enfrentaría con un cáncer, recuerdo haber pensado que nunca volvería a ver a Andrés después de este viaje. Eran las 6:00 a.m. y Andrés estaba echando mis maletas en el baúl del auto de su mamá. Si alguien sabía cómo me sentía y el dolor que llevaba por dentro, era él. Andrés y yo hablábamos mucho, él siempre impartía mucha Fe en mi vida y me ayudaba a creer en mí mismo, incluso, aun más de lo que pensaba. Él era el pañuelo de mis lágrimas, el entrenador que ocupó el lugar de mi papá, siempre asegurándose de que yo hiciera lo correcto. Nunca olvidaré la mirada que me dio la mañana antes de regresar a mi casa. Había lástima en sus ojos porque sabía que yo era infeliz en mi hogar y cuanto más en paz estaba durante las giras. Cuando Dios me hablaba, Andrés estaba seguro de que sucederían tal como Dios me lo dijo. Por esa razón, aún no le había revelado lo que Dios me había dicho. Yo no quería compartirle de tal cosa, especialmente porque estábamos a punto de celebrar la Navidad.

Entonces, antes de montarme en el carro que nos llevaría al aeropuerto, lo miré y le di una sonrisa, aunque con lágrimas. Lo abracé y le dije: "Gracias por nunca abandonarme y por todo el apoyo que me has brindado. Hemos vivido un buen tiempo juntos. Eres mi hermano y mi sangre, el hermano que siempre le pedí a Dios. Te amo". Besé su mejilla, con un beso lento y deliberado porque no quería que ese momento terminara. Presentía que esta vez sería la última vez que lo volvería a ver. Por lo general, él no me dejaba besarlo porque, aunque sé que me ama, Andrés no es el tipo de persona que muestra afecto. En cambio, yo siempre he sido afectuoso. Esa mañana sintió que algo andaba mal, así que me dejo besarlo en la mejilla y luego besó la mía, diciendo: "Yo también te amo. Eres mi hermano". Abordé mi vuelo y regresé a Nueva Jersey.

Andrés y yo teníamos la costumbre de hablar a toda hora por el teléfono. Nuestra relación va más allá de hermanos y mejores amigos; todavía no hemos encontrado un nombre que pueda describir nuestra amistad. A cada ratito nos llamábamos para los detalles más insignificantes, y ambos nos hacíamos reír. Nuestro vínculo era tan fuerte que el cáncer no lo pudo alterar, así que desde mi cama de hospital continuamos nuestras conversaciones. Especialmente cuando no podía soportar ese dolor, tan fuerte que sentía que literalmente iba a perder la mente. Jamás me hubiera imaginado un dolor tan intenso que pudiera llevar a alguien a perder la cabeza. Recuerda que en mi caso siempre he sido un chico muy saludable. Nunca antes, había caído en un hospital. Andrés me había dicho que cuando sintiera esos dolores, debería llamarlo. Entonces, cada vez que esa agonía se apoderaba de mi pierna, de inmediato oprimía el botón para llamar a la enfermera, y en el tiempo que tardaba en traerme el medicamento, tomaba el celular para llamar a mi hermano Andrés. A gritos lo llamaba y él me contestaba de inmediato.

Con voz llena de agonía le decía: "Andrés, tengo dolor. Dios mío, no lo soporto. Ora por mí". Imagínate, cada vez que sentía ese dolor, era porque alguna parte de mis huesos estaba desapareciendo en realidad. Así que sin importar lo que él estuviese haciendo o la hora que fuera, Andrés dejaba todo para orar por mí.

A veces, tocaba la guitarra mientras esperábamos que llegara la enfermera con la medicina. Él fue mi terapia. Cada vez que hablábamos, me sentía lejos del hospital. A veces, mientras tocaba la guitarra, tenía a su hermana Debbie cantando en el teléfono. Todas las noches, a través de sus canciones me hacían sentir cerca de Dios. Andrés fue la primera persona con la que compartí lo que dijo el médico. Para no asustarlo, le decía: "Al parecer, ellos piensan que podría ser eso", mientras yo, ya sabía que era cáncer, con un pronóstico de solo seis meses de vida. Como tenía 22 años, esto significaba que no llegaría a cumplir los 23 años.

El 2007 estaba llegando a su fin. Era la víspera de Año Nuevo y me encontraba solo en esa habitación del hospital. Como era costumbre, todos estaban en el altar de la iglesia, recibiendo el año nuevo. A las 11:45 p.m., encendí mi computadora para escuchar música de adoración. Cerrando los ojos, comencé a adorar a Dios. Le dije: "Señor, perdóname si en algo te he ofendido o si te he fallado en alguna manera. Gracias por la vida que me has dado. No voy a pelear contigo. Si quieres llevarme con cáncer, pues Amén.

Que así sea. Hágase Tu voluntad y no la mía. Solo te pido que me fortalezcas para que pueda superar este momento difícil. También te pido que refuerces a mi familia. Hoy quiero darte las gracias. Gracias por elegirme para predicar Tu palabra. Gracias por pararte a mi lado en aquella escuela bíblica donde te conocí. Gracias por las vidas que han llegado a tus pies en las cruzadas. Por todos los milagros que hiciste. Ahora puedo entender porque empecé a predicar a una edad temprana. Fue porque mi tiempo en la tierra no sería largo. Así que hoy te entrego el don que me has brindado. Te lo devuelvo multiplicado. Te amo, Señor". Con las manos levantadas seguí glorificando a Dios hasta abrir los ojos para ver cuánto tiempo quedaba para la llegada del 2008.

Al abrir mis ojos, traté de mirar, pero no había nada. Además, me di cuenta de que yo no estaba acostado en una cama; estaba de pie, pero aún así no podía ver nada. Entre esa oscuridad, experimenté mucha paz, y ningún miedo. Hablé y dije: "Señor", ¿"dónde estoy"? Al expresar aquellas palabras, escuché el eco de mi voz, lo que me dio la impresión de estar en algún lugar amplio y espacioso, donde estaba solo, sin nadie más. En aquel instante, vi bajar un rayo de luz hacia mí y cuando me tocó, aquel lugar se llenó de luz. Delante de mi habían unas escaleras de oro. Estaba emocionado, ya que sentía una paz increíble, junto a un gran gozo, como nunca antes yo había sentido. Comencé a escuchar una adoración impresionante, un coro cantando en unidad: "SANTO, SANTO, SANTO". Esa alabanza se escuchaba desde lejos y cerca a la misma vez. Las escaleras brillaban con gran esplendor y pude ver en la cima unas nubes blancas como la nieve y unos portones de oro. A lo lejos y detrás de aquellos portones, noté una ciudad hermosa, hecha de oro. Sabía que estaba en la entrada del Cielo.

Con mucho entusiasmo arranco a subir las escaleras, pero de repente, ellas empezaron a temblar. Caí de rodillas y bajé mi rostro, de alguna manera supe que estaba a punto de escuchar la voz de Dios. "Rafael Cuevas Jr., Nuni, no es tiempo de que subas las escaleras porque todavía tengo mucho que hacer contigo". De inmediato abrí mis ojos. Eran la medianoche y escuchaba las voces de las enfermeras y doctores que decían: "¡Feliz Año Nuevo!" El 2008 había llegado. No podía creer lo que había visto y lo que acababa de escuchar de parte de Dios. Entonces, escuché de nuevo la voz de Dios que me dijo: "HUBIERAS PENSADO MÁS GRANDE".

Capítulo 9
Él Se Acordó De Mí

Al Dios revelarme su intención con este cáncer, comprendí que no voy a morir. Algo poderoso estaba a punto de surgir. Cuando Dios da una palabra de esperanza, como la que declaró sobre mí, es como mostrarnos una luz al final de un túnel. Tus tinieblas no son eternas. Algo milagroso va a suceder. Piénsalo bien; Dios mismo, te hace saber que hay una salida a tu problema. Lo que a menudo no te dice es el cuándo y cómo ocurrirá el milagro.

Ese cuándo y cómo, son los que hacen la diferencia en determinar de qué materia estas hecho. Así que Nuni estaba a punto de descubrir sus ingredientes. Mi Fe en Jesús siempre ha sido grande. La Fe es como un ejercicio, mientras más la pongas en función, más fuerte serás en ella. Creo firmemente que "para aquel que cree nada le es imposible". Ahora bien, esta declaración no funciona simplemente porque decides creer. Para que tu Fe sea próspera, lo que más importa es en quién crees y la razón por la cual estás creyendo. Hay un verso que desde niño siempre ha sido la clave para mi confianza en los milagros. Jesús dijo: "Todas las cosas son posibles para el que cree" (Marcos 9:23,

RVR1960). Un milagro sucede cuando lo imposible ocurre. Jesús es el especialista en hacer de lo imposible, posible.

Allí estaba yo, creyendo por un milagro en mi vida personal. Mi confianza estaba en la voz de Dios que me aseguraba que este milagro era parte de su plan. Comencé a declarar que me levantaría de esa cama y que el cáncer iba a desaparecer. Yo confiaba que en cualquier momento aquella bola de baloncesto en mi pierna desaparecería y saldría caminando de aquel hospital. Y no fue que Dios no era capaz de hacerlo así, sino que su plan iba mucho más allá de solo sanarme de cáncer.

Al ver que el cáncer no desaparecía, comencé a desesperarme. Notaba que mi pierna seguía empeorando y los dolores aumentaban. Oré y oré y oré y no pasó nada. Diariamente, en lugar de mejorar, mi condición se deterioró hasta el punto que dejé de caminar por completo. Mi pierna izquierda perdió todas su fuerza, mientras que la pierna buena también se vio afectada, junto con todos los demás huesos de mi cuerpo. Cada minuto, el cáncer ganaba terreno y otra parte de mis huesos se destruía. La mejor recomendación de los médicos para mi familia fue hacer los arreglos necesarios, ya que no duraría mucho tiempo.

Imagínate que estás en un cuarto de hospital observando a tu familia en búsqueda de un lugar para celebrar tu funeral. También están eligiendo tu ataúd, las flores para el velorio e incluso en qué iglesia se realizarán los servicios. Fue una escena totalmente deprimente. Aún la noción de tal experiencia es uno de los pensamientos más tristes que pueda tener cualquier joven. No importa cuán grande fuera mi Fe, la realidad del problema me hacía sentir como que no daba a basto. La enfermedad se sentía mucho más grande que mi porción de Fe. Aún así, para contemplar un milagro, tuve que usar la Fe que me restaba. Estos momentos a menudo están diseñados de tal manera que puedas poner en práctica toda tu Fe.

El cáncer estaba tan avanzado que los médicos no querían operarme la pierna para remover el tumor, ni tampoco querían proporcionarme un tratamiento de quimioterapia. Según los médicos, ya era demasiado tarde. Había pasado el momento del tratamiento con esperanza. Se suponía que debía ser cuando experimenté mis primeros síntomas. Debería haber visitado a un médico durante el 2006 cuando sentí por primera vez una molestia en la rodilla. Aún así, me atrevo a decir que todo esto fue parte del plan de Dios. Si los hubiera visitado al principio de mi malestar, entonces los médicos y sus tratamientos se hubieran llevado toda la Gloria. En este caso Dios, y tan solo Dios, se aseguró de que solo Él recibiera la Gloria. Por eso me dirijo a aquellos que hoy enfrentan una situación difícil. Quizás, similar a la mía, donde ningún hombre puede ofrecerte una solución porque no la hay y por lo tanto la gente se dan por vencidos contigo. A ellos les digo: ¡prepárense! Todo eso significa que Dios está a punto de tomar el control. Dios hará lo que ningún hombre puede hacer para que ningún hombre pueda atribuirse el crédito de tu milagro. Solo tienes que poner toda tu Fe en Jesús.

Mi familia no sabía reaccionar ante la noticia. Recuerdo que le dije a mi hermana Yajaira y escuché su voz por teléfono que me decía: "¡NO, TÚ NO!" Ella me consideraba un muchacho bueno y no podía entender el porqué Dios estaba permitiendo una enfermedad como esa en mi vida. Yo era un joven vibrante, con metas, un ministerio muy hermoso y con una vida completa por delante. Mientras hablaba con mi hermana, era como si estuvieran reproduciendo una película de toda mi vida con ella. Ella fue mi primera amiga. Los recuerdos de nosotros jugando al escondite, sentados al frente del televisor viendo nuestros programas favoritos o corriendo en el patio en busca de hormigas, se apresuraron a mi memoria. Logré recordar aquella pequeña piscina en la que nuestros padres nos metían al llegar el verano y cómo compartíamos la misma cama en las noches cuando nos daba miedo.

Todavía recuerdo ver el rostro a mi hermana menor Fanny, lleno de dolor y de mucha preocupación. La tomé de la mano en mi cama de hospital y le dije: "Tranquila, Fanny, yo voy a luchar hasta que Dios me sane". Y ella me dijo: "Y yo voy a pelear a tu lado. No te dejaré solo". Y así lo hizo, incluso dejó la universidad para atenderme. Ella se convirtió en mi enfermera personal. No obstante, pasaban los días, Dios no me decía nada y los dolores aumentaban. ¿Qué haces cuándo oras y Dios no te responde? La respuesta es simple: Seguir creyendo. Seguir orando. Haciendo todo menos rendirte.

Entonces le dije a Dios en oración: "Nunca te he servido por lo que me puedas dar. Si me sanas somos amigos, y si no me sanas seguiremos siendo amigos. Siempre te serviré. Pero hay una cosa sí debo preguntarte. ¿"Porqué te has olvidado de mí"? "En este momento siento que me abandonaste, porque cuando oro, no me respondes ni tampoco veo que mejoro". Mientras en mi mente hacía esa oración, la Sra. Oliver entró en mi cuarto de hospital. "Sra. O", como le decimos de cariño, es una ministra afroamericana con una trayectoria hermosa en el evangelio. Mucho antes de que yo naciera, ella era cantante en el coro de su iglesia y participó en varias grabaciones musicales. Para aquel tiempo, ella también fue conocida como una predicadora de renombre.

Crecí pidiéndole la bendición pues fue mi vecina por muchos años. Ella ha sido de mucha bendición para mi familia y nuestra comunidad. Así que vestida de ministro, apareció con su camisa negra y su alzacuello blanco y cargaba el aceite ungido en su mano. Su saludo fue: "Hijo mío, yo no me he olvidado de ti! Esta enfermedad no es para muerte. Es para que veas mi Gloria". Yo sabía que era Dios quién me hablaba a través de ella. De inmediato sentí el impacto de Dios en mi corazón y las lágrimas comenzaron a bajar por mi rostro.

Echó pues el aceite en sus manos, comenzó a ungir mi pierna diciendo: "Enfermedad, no tienes parte ni suerte en este cuerpo. Este cuerpo le pertenece a Dios y tienes que salir en el Nombre de Jesús". Ciertamente, Dios me visitaba a través de su sierva. Llorando, yo le daba gracias a Dios por este encuentro tan especial. "Sra. O", ungió mi cabeza y me dijo: "Hoy te unjo para la guerra que tendrás que enfrentar. En todo esto, asegúrate siempre de proclamar que estás sano. No dejes de creer y no le des lugar a la duda. No digas que Dios se ha olvidado de ti. De esto, Dios recibirá la Gloria. Y cuando salgas de este proceso, la Gloria de tu ministerio será mayor que la primera". Ungió mis oídos, mientras decía: "Unjo tus oídos para que escuches lo que Dios tiene que decirte en este tiempo". Me ungió la boca y me dijo: "Unjo tu boca para que hables con unción todo lo que Dios te mostrará en esta temporada de enfermedad". Y así concluyó su oración.

Encomendé mi vida en las manos de Dios, dándole gracias por responder a mi oración. Le expresé mi más profunda gratitud por el milagro que Él iba a realizar y por la fortaleza que solo Él podía darme en este momento de aflicción. Comencé a declarar que mi tiempo no había llegado para partir de esta tierra. Que Dios estaba en control. No sabía cómo ni cuándo ocurriría el milagro, pero estaba seguro de que Dios lo iba hacer. Traté todo lo posible para no dejarme llevar por los dolores que sentía, ni tampoco por el hecho de que ya no podía caminar. Más bien, me concentré por completo en que Dios lo iba a hacer.

Capítulo 10
El Doctor de Los Doctores

La oración es la clave para conectarte a Dios. Es la línea telefónica que te pone en contacto con su trono celestial. Jesús, es la torre de señal que conecta tu llamada. La Biblia registra las palabras de Jesús cuando declaró: "Yo soy el camino la verdad y la vida y nadie viene al Padre si no es por mí" (Juan 14:6, RVR1960). Por esta razón, desde mi niñez, cada vez que oro, comienzo mi oración diciendo: "Padre, en el nombre de Jesús". Creo en este método de oración pues he visto muchos resultados favorables al orar de esta manera. Jesús también dijo: "Y todo lo que pidas en mi nombre, lo haré para que el Padre sea glorificado en el Hijo" (Juan 14:13, RVR1960).

Digo todo esto para contarles lo que sucedió después de visitarme la Sra. O. En momentos difíciles, como los que vivía, es fácil descubrir quiénes son tus verdaderos amigos. Cuando pienso en mi batalla contra el cáncer, hay dos tipos de personas que sobresalen; los que me abandonaron y aquellos que se pararon en la brecha por mí. Entre los fieles se encuentra un amigo, se llama David Ramos. David era líder de jóvenes de su Iglesia. Cada lunes, David y su grupo de jóvenes se reunían para orar en el templo. Después de su tiempo de oración, pasaban algún tiempo en adoración y luego David culminaba con una palabra. Tuve la oportunidad de asistir a varias de sus reuniones y el honor de predicar en algunas de ellas. Echaba de menos estar allí porque cada vez que iba, salía con nuevas fuerzas. Hasta nuevo aviso no podía unirme a ellos, ya que estaba hospitalizado, pero David siempre llegaba a mí. Me visitaba con su Biblia en mano y con una palabra que me levantara el ánimo. Su visita nunca fallaba. Un lunes, después de despedirme de todas mis visitas, me quedé solo en mi cuarto de hospital. Estaba meditando en silencio y hablando con Dios cuando de momento suena mi celular. David y sus jóvenes estaban en la línea. Como de costumbre, se reunían en el templo, pero esta vez todos estaban parados en la brecha por mí.

Comenzaron a declararme palabras de aliento. A proclamar que el cáncer no acabaría conmigo. Alrededor de 50 jóvenes clamaban a Dios por mi salud con una pasión audible. Cada oración cancelaba el pronóstico de los médicos. No podía entender exactamente lo que decía cada individuo, ya que todos oraban simultáneamente, pero sabía que el cáncer estaba en problemas. Jesús dijo: "Además, les digo, que si dos de ustedes se ponen de acuerdo sobre cualquier cosa que pidan aquí en la tierra, les será hecho por

Mi Padre que está en los cielos" (Mateo 18:19, NBLH).

Durante varios minutos intercedieron por mí, suplicando y llorando en voz alta. Clamando y llorando con mucha fuerza. Yo también, me conecté con ellos en el espíritu. Mientras orábamos juntos, comencé a notar una interferencia en la línea y apenas podía escuchar a los jóvenes orando por mí. A la misma vez que escuchaba interferencia, noté que había un olor a aceite ungido por todo mi cuarto. Un olor a aceite, pero con especie de un aroma de flores. Cuanto más destacaba la combinación de flores y aceite, más se desconectaba la llamada, hasta que ya no se podía escuchar a los jóvenes que oraban. Sentí una paz sobrenatural que entró en mi cuarto de hospital. En la entrada de mi habitación, observé a un médico que tocaba la puerta y me pedía permiso para entrar. Cuando lo dejé entrar, me di cuenta de que nunca antes, lo había visto. Su rostro era resplandeciente y lucía una bella sonrisa.

A medida que se acercaba, crecía el olor a aceite mezclado con flores. Me maravillé al ver cuánto brillo tenía su cabello blanco. Nunca había visto algo así. Vestido con el chaleco de doctor caminaba hacía mí y parecía que el mundo había dejado de girar por unos minutos. En ese momento, no existía nadie, solo él y yo. Todo sucedía así como si estuviéramos moviéndonos en cámara lenta. Fue en ese entonces que miré a ver el nombre escrito en la placa de su ropa que decía: Dr. Nazaret.

Mi madre me había traído desde mi casa una cobija calentita la cual me gustaba usar para dormir. Era mi cobija favorita y me hacía sentir cómodo. Aquellos que me conocen saben que soy un niño dentro del cuerpo de un hombre que mide seis pies de altura. Imagínese, mi cobija tenía al hombre araña (Spiderman). Cuando aquel doctor se me acercó, me miró y me dijo: "Rafael Cuevas", ¿"cómo te sientes"? Su voz me produjo aún más paz de la que ya sentía. Esa paz que hacía tanto tiempo no sentía. De todas las respuestas que yo le podía haber dado a aquel médico, terminé diciéndole: ¿"Te gusta mi cobija"? Alegremente se la muestro con una gran sonrisa en mi rostro. Hacía mucho tiempo que no compartía así una sonrisa con alguien. Por un segundo aparentaba como si ya no tuviera cáncer. El dolor que sufría se fue. Aquel doctor no era un médico normal. Cuando sonrió, en sus ojos pude ver unas llamas pequeñas de fuego que desaparecieron rápidamente, revelando que sus ojos eran azules, el tipo de azul como el que se encuentra en una piscina cristalina.

Él me responde correspondiéndome la sonrisa: "Me encanta tu cobija". Puso su mano sobre mi pecho y me dijo: "Por eso te amo tanto, porque tienes el corazón de un niño.

Esta enfermedad no es para muerte". Luego se dio la vuelta y se fue del cuarto. Inmediatamente, comencé a quedarme dormido. El descanso que me evadía desde que entré al hospital, finalmente pude encontrarlo en esa noche.

En la mañana cuando desperté sentía nuevas fuerzas pero a la vez no lograba dejar de pensar en aquel médico y en la llamada de los jóvenes. Consideré que todo había sido un sueño. Desde los jóvenes llamando para orar por mí, hasta el médico que me visitó. Al mirar el registro de mi teléfono, pude verificar que sí, los jóvenes me habían llamado. Un poco más tarde confirmé con David que la llamada se había caído y no pudieron llamarme de nuevo. Más aquellos jóvenes terminaron la oración y estaban determinados a seguir orando hasta que el milagro ocurriera. David me aseguró de que todo iba a estar bien, ya que había mucha gente orando por mí.

Al día siguiente, en la noche, ese médico volvió a visitarme. Una vez más, se desató un olor fragante por todo aquel cuarto. Esta vez él se acercó a mi cama con una sonrisa linda; tocándome la pierna me dijo: "Rafael, será la última vez que me verás, pero vengo a decirte que esto no es para muerte". Yo le pedí un abrazo y él me abrazó. Nunca quise dejarlo ir. Sentía la misma paz que encontré cuando estaba frente a aquellas escaleras de oro. El doctor se fue y no me volvió a visitar. Nunca más lo volví a ver.

Después de unos días de no volver a ver a ese médico, me dio por preguntarle a mi doctor sobre el Dr. Nazaret. Lo describí tal como lo vi. Con cara de preocupación me preguntó de qué estaba hablando. Cuando me preguntó, ¿"Quién es el Dr. Nazaret"?, mi respuesta fue la siguiente: "El Doctor de los doctores".

Capítulo 11
No Sé Cómo Pero Él Lo Va a Hacer

Ahora, sabía con certeza que mi enfermedad no era para muerte. Dios tenía un plan poderoso con todo esto. Yo no lo entendía, pero lo creía. Confiaba que al final, todo iba a obrar para bien. Pero antes de que esto sucediera, yo me tenía que enfrentar a más males que bienes. Sin saberlo, acababa de montarme en una montaña rusa que aparentemente nunca se terminaría. Una tarde, mientras mi amigo David me visitaba, el médico entró para hablar conmigo. Esta vez tenía peor noticias que compartir. Me di cuenta por la mirada que tenía en sus ojos.

Miró a David y le preguntó si nos podía dejar a solas. Simplemente al decir eso, entendí que no tenía buenas noticias para mí. Siendo que David era uno de mis mayores soportes, en ese momento le pedí que no se fuera del cuarto. Le pregunté si por favor se podía quedar conmigo. Luego, el médico se pone de frente a la cama y luchaba por encontrar las palabras para iniciar la conversación.

Ambos, David y yo, estábamos ansiosos por saber su noticia. Le dije al médico: "Peor noticia de que tengo seis meses de vida, no puedes tener para mí". Así que el médico me miró y me dijo: "Señor Cuevas, luego de algunos exámenes y reuniones con mis colegas, hemos llegado a la conclusión que realmente no hay posibilidad para que puedas sobrevivir esta enfermedad. Pero por cuanto eres joven, podemos ver que la única manera que tal vez tengas alguna probabilidad de sobrevivir, es si te amputamos tu pierna izquierda. Es posible que también al poco tiempo termines perdiendo la otra pierna en el proceso ya que este cáncer es muy agresivo y está tratando de correr hacia los demás huesos.

Sentí como que me echaron un balde de agua fría por encima. David miró al doctor y le dijo: "Tú no le puedes decir eso a él. Tiene que haber otra manera". David con mucha Fe me miró y me dijo: "No recibas esa noticia". La recomendación del médico fue que lo discutiera con mi familia y tomara una decisión, junto a ellos. Tenía que decidir rápido, ya que no me quedaba más tiempo. Más David me llenó de Fe al decirme: "Dios no va a permitir que te amputen la pierna". Puso sus manos sobre mí y declaró una vez más que Dios iba a intervenir. Me tomé un día de oración mientras los médicos preparaban todo para amputar mi pierna. Si de algo estoy seguro, es que la Fe no niega la realidad, pero sí, la puede cambiar. En mi oración le dije a Dios: "Si ellos me cortan la pierna y logran detener este cáncer, se ganarán toda la Gloria. El que yo pierda mi pierna, no creo que sea parte del milagro que Tú me has prometido. No veo cómo perder mi pierna sea parte de este plan. Pero que se haga Tu voluntad y no la mía".

Así que reuní a mi familia, y les hablé respecto a la recomendación del médico. Todos se alarmaron por la noticia. Comenzaron a hacer preguntas y a exigir una segunda opinión. No obstante, también empezamos a orar. Pude escuchar la oración de mi madre cuando decía: "Señor, yo te lo dediqué desde mi vientre y te pedí que lo hicieses un evangelista. No permitas que le amputen la pierna a mi hijo".

Después de que todos oraron, hablé con el médico y le dije: "Hace unos días atrás, tuve una visión en la que Dios me dijo que no había terminado conmigo frente a unas escaleras de oro. Si Dios todavía me necesita, yo voy a requerir mis piernas para cualquier cosa que Él me haya de necesitar. Entonces, aunque sea yo cojo, caminaré el resto de mis días con mis dos piernas como señal de que luché con Dios y con los hombres y vencí".

El médico, en su confusión, se limitó a mirarme. Le dije: "Prepara a tu equipo y haz lo que tengas que hacer con esta pierna. Si está en la voluntad de Dios, ustedes me la cortan, si no, Dios intervendrá con Su mano para que no lo hagan". A los pocos días de pronunciar esa palabra, los médicos se preparaban para realizar la operación. Mi Fe no negaba el problema, pero estaba declarando que cambiaría la opinión de aquellos médicos. Lo que sucedió a continuación impactó mi vida.

Mentalmente me estaba preparando para lo que pensaba que iba a ser el día de la operación. Durante esa mañana, el personal me aseguró de que todo saldría bien, y que estaba en buenas manos. Más tarde en ese día, vinieron a buscarme ya que estaban listos para llevarme a la sala de operaciones. De repente, estalló una gran pelea en el pasillo del hospital. Los gritos estaban muy cerca de mi habitación. Podía escuchar las voces de las personas involucradas quienes discutían. Esa discusión sonó como si estuviera ocurriendo dentro de mi cuarto. Desesperado, le pedí a mi madre que por favor averiguara lo que estaba pasando. Mi madre salió inmediatamente del cuarto y regresó con la misma rapidez, con asombro en su rostro. Me dijo que fue testigo de la discusión entre algunos doctore. Mi médico estaba entre ellos. Supuso que tenía algo que ver conmigo, pero mi madre no entendía mucho el inglés y todos hablaban en inglés.

Minutos después, cuando ya no se escuchaba aquella pelea, entró una doctora en mi cuarto, la cual nunca había visto. Aquella doctora tenía lágrimas en sus ojos y trataba de componerse. Se paró a mi lado para presentarse y luego de decirme su nombre, comenzó a explicarme: "Yo soy especialista en condiciones del cuerpo como la que hoy estás viviendo. Sé que tú no me conoces pero formo parte del equipo de médicos que estamos tratando de ayudarte. Fui el responsable de tu biopsia, la cual confirmó que tienes cáncer. También fui responsable de sugerir que la única esperanza para ti era amputar tu pierna. Pero en esta madrugada tuve una experiencia contigo. Al poner tu nombre en mi computadora, me llevó al canal de Youtube. En un video, te vi brincando y corriendo con un micrófono en la mano. Al parecer, estabas predicando. Yo no hablo español, ni tampoco lo entiendo, pero mi oficina empezó a temblar así como si estuviéramos en medio de un terremoto. Caí de rodillas y sentí la presencia de Dios, porque aunque no entiendo español, sí, entiendo el idioma de Dios. Él me habló y me dijo que te salvara la pierna porque Él hará un milagro con ella, porque otra vez volverás a predicar Su palabra".

Me tomó las manos, comencé a llorar con ella. Me dijo: "Confía que Dios lo va a hacer. No sé cómo, porque es un cáncer muy agresivo, pero Dios me dijo que lo iba a hacer. Tal vez me tenga problemas con el hospital por esto, pero lo que acabo de vivir fue muy real". No es lo mismo que venga algún profeta de Dios a decirte: "Dios me dijo que lo va a hacer" a que venga una doctora arriesgando su licencia médica para decirme: "No sé cómo, pero Dios lo va a hacer". Yo estaba seguro de que su experiencia fue real, ya que esta doctora se atrevió a detener una operación y con mucha determinación comprometió su profesión para compartirme una Palabra. Esto tuvo que haber sido Dios. Una vez más, aunque en mi cuerpo todavía sentía lo peor, Su palabra trajo paz a mi vida. Ahora más que nunca, yo confiaba en que la Fe iba a cambiar mi realidad.

Cuando algo no es parte del plan de Dios para tu vida, puedes contar con la intervención de Dios. La Biblia dice: "Por Jehová son ordenados los pasos del hombre, y él aprueba su camino" (Salmos 37:23, RVR1960). Aunque parezca lo contrario, Dios está en control. Debes confiar en Él, sin importar que estés viviendo. Las declaraciones de aquella doctora provocaron paz en mi vida. Me animé y comprendí que esta prueba, no solo se trataba de un milagro, sino de una asignación Divina para mi vida. Fue entonces cuando Dios me recordó dónde comenzó mi llamado. Me había concentrado tanto en predicar en las cruzadas que se me había olvidado que mi vocación comenzó visitando a los enfermos en los hospitales. Jesús dijo: "Los sanos no tienen necesidad de médico, sino los enfermos" (Mateo 9:12, RVR1960).

Jesús nos está revelando que Él no nos ha llamado para entretener a la gente. Tampoco nos convocó a predicarle solamente a aquellas personas que se parezcan a nosotros o a las que hablen como nosotros. En otras palabras, si tienes el poder para orar por enfermos, ¿por qué solo lo usas en una tarima cuando hay un público presente? ¿Por qué no llevas ese mismo poder a los hospitales donde tanto se necesita? Logré entender que Dios no me trajo a ese hospital solo para hacer un milagro en mí, sino que también lo permitió para que pudiera impartir el poder que sana a los enfermos a quienes lo necesitan. Ese mismo poder que salva y liberta a los cautivos. Al darme cuenta que no son mis piernas las que predican, sino mi boca, me levanté de mi cama y pedí una silla de ruedas. Me animé a mí mismo diciendo: "Me niego a quedarme callado. Voy a predicar aun mientras Dios hace el milagro".

Capítulo 12
No Volverás a Predicar

En mi humanidad, llegué a creer que ya no podía predicar más porque, por años, solo lo hacía desde las tarimas o los altares. Para mí, predicar se trataba de tener un micrófono en la mano y una audiencia de frente. ¡Cuán equivocado estaba! Así que Dios estaba a punto de utilizar una voz para hablarme, la cual me lanzaría hacia mi asignación. Yo compartía una habitación con otro paciente de cáncer; solo una cortina nos dividía. Él, era un hombre mucho mayor que yo. No podía hablar, el cáncer no se lo permitía. Se veía desgastado pues en su rostro había señales de amargura y tristeza.

Una mañana, pude escuchar a su doctora hablando con su esposa en el pasillo afuera de mi puerta. Me enteré de que al hombre le faltaba poco tiempo, por lo que querían trasladarlo a un cuarto donde él pudiera estar solo con su familia. Su esposa, devastada por la noticia, se fue a llorar a otro lugar donde su esposo no la pudiera ver. Horas más tarde, una voz me habló, pero lo que escuché no fue la voz de Dios.

Esta voz no era nada buena, ni tampoco me impartía

paz. Me habló diciendo: "Jamás volverás a predicar". Cuando la escuché, comencé a llorar. Luego vuelve a repetirme esas palabras: "Jamás volverás a predicar". Al oír esta voz por segunda vez, creó en mí, una gran tristeza que me consumió. Con un llanto fuerte, comencé a repetir lo que aquella voz maligna me decía, "Nunca más voy a volver a predicar". Quienes me conocen, saben perfectamente que predicar es mi mayor pasión. Es el motor que me impulsa a vivir. Sin embargo, esa voz cometió un error grave cuando se atrevió a hablarme por tercera vez: "No volverás a predicar". Esta vez, en lugar de llorar, me llené de Fe. Volví a mis sentidos y recordé si de algo estoy seguro, es de que el diablo es un mentiroso. El mismo Jesús lo describe como el padre de mentira:

"Vosotros sois de vuestro padre el diablo, y los deseos de vuestro padre queréis hacer. Él ha sido homicida desde el principio, y no ha permanecido en la verdad, porque no hay verdad en él. Cuando habla mentira, de suyo habla; porque es mentiroso, y padre de mentira".

(Juan 8:44, RVR1960)

Por lo tanto, siempre que alguien miente, está hablando de algo que no ha sucedido ni que nunca sucederá. En ese instante descubrí que en todo lo que nos dice el diablo, la verdad se encuentra en lo opuesto. Si te dice: "Dios no va a ejecutar este milagro", es porque tiene por seguro que Dios lo hará. En mi caso, estaba tratando de convencerme de que nunca volvería a predicar. No solo porque él se había imaginado el milagro hecho, sino más bien porque anticipó el día cuando yo iba a escribir este libro. Su objetivo principal era robarme la fe. Lo que no pudo adivinar fue un efecto contrario, en vez de restarme Fe, me estaba aumentando. Pude escuchar la Voz del Espíritu Santo que me reveló: "Nuni, el diablo sabe algo de ti que tú aún no sabes". Al descubrir la voz del Espíritu, experimenté una fuerza sobrenatural. Tanto fue, que parecía ser como si el cáncer ya no existiera.

Comencé a mover la cortina que estaba separándome del paciente con cáncer. Lo miré fijamente a los ojos y le dije con autoridad: "Oye, cuando tú te mueras", ¿"para dónde vas"? Debido al cáncer, sus cuerdas vocales no le funcionaban y no me podía responder. Se encogió de hombros insinuando que no sabía para dónde iba. Incliné mi cabeza y dije: "'diablo, si no me hubieras hablado, te lo hubieras llevado, pero como te atreviste hablarme, prepárate que ahora voy a predicar mi mejor mensaje; sin micrófono y sin multitud". Compartí el mensaje de la Cruz con este hombre y en conclusión le hice saber que si confesaba a Jesús conmigo, salvo sería. Luego le pregunté si deseaba aceptar a Jesús como su Salvador exclusivo y con lágrimas en sus ojos, hizo un gesto con la cabeza que me aseguró un sí. Entonces le dije: "Repite conmigo: Señor Jesús, te acepto como mi Salvador". Y el hombre abrió su boca y dijo: "Señor Jesús, te acepto como mi Salvador". Hace un momento atrás, este hombre no podía hablar, pero ahora estaba confesando a Jesús como Salvador. La presencia de Dios llenó aquel cuarto.

En seguida que aquel hombre hizo la confesión de fe, aceptando a Jesús como su Salvador personal, su esposa entró al cuarto. Con gozo y alegría él decía a su esposa:¡"Me voy, me voy"! Muy sorprendida, ella le responde: ¿"Estás hablando"? Las siguientes palabras de ese hombre fueron lo que más me impactaron. Él dijo: "Llegaron a buscarme". Ella miró hacia la puerta diciendo: "Nadie ha llegado". Yo también miré, pero tampoco vi a nadie llegar. Él le preguntó:¿"No ves esos jóvenes vestidos de blanco, algunos hasta con flores en la mano"? "Ellos dicen que me van a llevar al paraíso". Levanté las manos y comencé a alabar a Dios. En mi alabanza dije: "Diablo, no me molestes porque voy a predicar".

Capítulo 13
Y Nos Dio Poder

Después de aquella experiencia poderosa, comprendí que no podía permitir que una enfermedad me detuviera. A todos los que pudiera, les tenía que predicar. Así que a cierta hora del día, me levantaba de mi cama, me sentaba en la silla de ruedas y recorría por todos los cuartos de los pacientes, orando por ellos. Primero les hablaba de Jesús y luego oraba por ellos. Una tarde vino a visitarme un pastor. Se encontró frente a mi cuarto, mirando una cama vacía. Cuando le preguntó al personal por mí, nadie pudo decirle dónde yo estaba o que me había pasado. Preocupado, salió gritando mi nombre por todos los pasillos del hospital: "¡Nuni, Nuni, Nuni!" Finalmente, en su desesperación, se encuentra con una enfermera que le dijo dónde estaba.

Cuando me encontró, yo estaba orando por un paciente con cáncer. Frenéticamente, entró al cuarto en busca de mí. Agarró mi silla de ruedas y, ansioso, la manejaba de regreso a mi cuarto. ¿"Qué haces fuera de tu cuarto"?, me decía. "Tú estás enfermo y tienes que descansar. Que Dios no lo permita, pero se te puede pegar otra enfermedad". Y ¿"qué haces orando por enfermos con cáncer si tú tienes cáncer"? Fue en ese entonces cuando le dije que detuviera mi silla. Me di la vuelta para mirarlo a la cara y con autoridad y mucho respeto le dije: "Porque Nuni tiene cáncer, pero Jesús no".

Aquí está el detalle: Si Dios no lo hace por nosotros, entonces no oramos para que Él lo haga por los demás. Dios es Dios. Así que, si no decide hacer el milagro, sigue siendo Dios. En una ocasión, Juan el Bautista envió mensajeros para averiguar si Jesús era el enviado de Dios o si deben seguir buscando. Y los envió a Jesús, para preguntarle: ¿"Eres tú el que había de venir, o esperaremos a otro"? (Lucas 7:19, RVR1960). Algunos declaran que Juan el Bautista estaba inseguro sobre si Jesús, en verdad, era el Hijo de Dios. Yo difiero. Juan estaba convencido de que Jesús era el Cristo. Él estuvo presente cuando la paloma descendió del cielo y se escuchó la voz audible de Dios diciendo de Jesús: "Éste es mi Hijo amado, en quien tengo complacencia" (Mateo 3:17, RVR1960). Por supuesto que Juan sabía que Jesús era el enviado de Dios. Entonces, ¿por qué envió mensajeros a preguntarle eso a Jesús? Creo que fue para provocar un desafío, ya que Juan también sabía que Jesús tenía el poder para sacarlo de la cárcel. En Lucas capítulo 4, Jesús mismo declaró que también había venido a traer libertad a los prisioneros. Con este conocimiento cuando Juan el Bautista envía este mensaje, claramente le está diciendo a Jesús: "Si tú eres el Hijo de Dios pruébamelo sacándome de la cárcel". Pero Jesús le respondió: "Id, haced saber a Juan lo que habéis visto y oído: los ciegos ven, los cojos andan, los leprosos son limpiados, los sordos oyen, los muertos son resucitados, y a los pobres es anunciado el evangelio" (Lucas 7:22, RVR1960).

En otras palabras, Jesús le estaba diciendo, tan solo porque no decido sacarte de la cárcel, no significa que no tenga el poder para hacerlo. Ni mucho menos, implica que no sea el enviado de Dios. En mi caso, debido a que aún no me había sanado, no significaba que Él no fuera un sanador. "Nuni tiene cáncer, pero Jesús no tiene cáncer". Jesús no dejará de hacer milagros porque Nuni no se sane, ni porque otros tampoco sean curados en el mismo momento que pidan. Él es Dios, sobre todas las cosas. Cuando sana, es Dios, y elige no sanar, sigue siendo Dios. Siempre que pidas algo a Dios, y Él no responde como tú quieres, no significa que Dios haya renunciado a Su identidad. Tampoco quiere decir que ha caído corto en Su poder para ejecutarlo, ni que ha dejado de existir. La Biblia registra las palabras de Dios diciendo:

"Porque mis pensamientos no son vuestros pensamientos, ni vuestros caminos mis caminos, dijo Jehová. Como son

más altos los cielos que la tierra, así son mis caminos más altos que vuestros caminos, y mis pensamientos más que vuestros pensamientos".
(Isaías 55:89, RVR1960)

Tenemos que confiar que los planes de Dios son más grandes y poderosos que los nuestros. No debemos frustrarnos cuando le pedimos a Dios por un milagro y Él no lo concede. En mi caso, pedí un milagro pero Dios no se apresuró a entregármelo porque Su plan iba más allá de sanarme. Dios primero quería sanar a otros. Si me hubiera sanado cuando se lo pedí por primera vez, habría dejado el hospital para no volver jamás. Más en el plan perfecto de Dios, aunque Él deseaba sanarme, inicialmente me iba a usar para curar a todos los que se encontraban sufriendo frente a mí.

La Biblia relata los milagros poderosos que Jesús hizo en la tierra. Por donde quiera que iba, ocurrían milagros, tal como los que mencionamos anteriormente en Lucas 7:22. En una ocasión, Jesús reunió a sus discípulos para transferir ese mismo poder. "Habiendo reunido a sus doce discípulos, les dio poder y autoridad sobre todos los demonios, y para sanar enfermedades. Y los envió a predicar el reino de Dios, y a sanar a los enfermos" (Lucas 9:12, RVR1960). Entonces, mi pregunta es, en el mundo de hoy, ¿por qué hoy no vemos milagros así como los que hizo Jesús? La respuesta es simple. Debido a que nos hemos acostumbrado a llevar esta Palabra solamente a aquellos que se parecen y hablan de la misma manera que nosotros, a eso yo le llamo entretenimiento. O ¿acaso un maestro se dedica a enseñar la lección a quiénes ya la conocen? Eso sería una pérdida de tiempo.

Los medicamentos no van a dar resultados en una persona que es sana. Solo puede ser eficaz en aquellos que tienen necesidad de ella. Pues ¿cómo vamos a saber cuán efectivo es el poder que cargamos si no lo impartimos en aquellos que lo necesitan? En cambio, inmediatamente limitamos a Dios, al creer si no lo hace conmigo, no puede hacerlo con los demás. ¡Qué gran equivocación! Debemos aprender que el poder de Dios es ilimitado. Oremos hasta que Dios lo haga y si no se sana el enfermo, no nos detengamos por ese caso. Sigamos orando por el próximo enfermo, hasta que veamos a Dios hacer el milagro.

Después de que mi vecino se fue con el Señor, estaba compartiendo mi cuarto con otro paciente. En esta ocasión, el paciente se llamaba Lucas y era maestro de escuela. Él tenía una enfermedad complicada la cual no le permitía caminar. Así que, de la noche a la mañana sus piernas se habían hinchado. Lucas me dijo que llevaba más de un mes en el hospital y aún no encontraban la razón por la que no podía caminar ni el origen de su enfermedad. Recuerdo haber hablado con Lucas sobre Jesús e incluso mencionar que él llevaba el mismo nombre de uno de los discípulos de Jesús.

A los pocos días de ser el nuevo vecino de Lucas, tuve una experiencia de madrugada. Mientras todos dormían, y dentro de todo aquel silencio, abrí mis ojos para ver algo que nunca antes yo había visto. Estaba acostumbrado a ver muchos milagros, pero esta vez el Espíritu también me reveló lo que provocaba las enfermedades. Alcancé ver con mis propios ojos cuando una bestia horrible salió de un cuarto. Era un gran monstruo con una cola enorme que ocupaba la expansión de todo aquel pasillo. Estaba lleno de cabellos feos y sucios. Los cuernos en la punta de su cabeza seguían en secuencia hasta el otro extremo de su gran cola. Sobre su espalda llevaba una capa roja y rasgada. Sus dientes eran feos y le salía baba de su boca. Se escuchaba un sonido aterrador cuando crujía sus dientes.

Les confieso que me confundí cuando lo vi porque no entendía que era ni qué estaba haciendo allí. Mientras lo observaba, noté como caminaba y arrastraba la pierna. Al parecer yo estaba mirándolo tras la pared de mi cuarto.

Aquella bestia caminaba y crujía sus dientes, pero estaba totalmente inconsciente de que yo lo estaba observando. Entonces le pregunté a Dios: ¿"Quién es esa bestia y por qué está aquí"? Su respuesta me dejó sin palabras. Dios me dijo: "Es el principado que controla las enfermedades de este piso. Él se asegura de que las personas que vienen aquí no sean sanadas". Y le dije a Dios: ¿"Por qué me lo muestras"? ¿"Qué tiene que ver conmigo"? Entonces me respondió Dios: "Para esto te he traído y para esto te he preparado. Desde que eras un niño orando por los peluches en tu cuarto, siempre he estado contigo. De la misma manera, hoy estaré contigo nuevamente cuando eches a esta bestia fuera de este piso. Mi espíritu está sobre ti". Me doy cuenta de que al leer esto quizás te sientas confundido y a lo mejor te preguntas qué tiene que ver una bestia con enfermedades. Permíteme ayudarte a entender. La Biblia dice:

"Porque no tenemos lucha contra sangre y carne, sino contra principados, contra potestades, contra los gobernadores de las tinieblas de este siglo, contra huestes espirituales de maldad en las regiones celestes".
(Efesios 6:12, RVR1960)

Hay batallas que no se pueden pelear con la medicina, sino que solo pueden tener lugar en el Espíritu. El Apóstol

Pablo hace unas declaraciones en este capítulo 6 de Efesios, revelándonos que, de hecho, hay un mundo espiritual de oscuridad. En ese mundo específico, existen principados, potestades y gobernadores. Esta estructura de autoridad implica que ellos tienen dominio sobre diferentes sectores del mundo espiritual. "Pero para esto apareció el Hijo de Dios, para deshacer las obras del diablo (1 Juan 3:8).

Con esto, me atrevo a decir que los espíritus malignos controlan el 99% de las enfermedades del mundo. La Biblia dice: "Y había allí una mujer que desde hacía dieciocho años tenía espíritu de enfermedad, y andaba encorvada, y en ninguna manera se podía enderezar" (Lucas 13:11, RVR1960). Claro está, la mujer de la que habla el libro de Lucas, estaba enferma y no mejoraba porque había un espíritu maligno que la mantenía enferma. Más en el verso 12 del capítulo 13 de Lucas vemos a Jesús decirle: "Eres libre" Y al poner Jesús sus manos sobre ella, fue sanada. En otras palabras, al Jesús decirle "eres libre" estaba echando fuera el espíritu que esta mujer cargaba por dentro (Lucas 13:12, RVR1960).

Ahora, aquí estaba yo, mirando a aquel principado que gobernaba ese piso del hospital. Desde que Dios me reveló que Él estaba conmigo, me levante de la cama y tomé varios pasos hacia la bestia, pero cuando me detuve y miré hacia la cama, pude ver que mi cuerpo aún estaba en la cama. Fue allí que entendí que estaba enteramente en el Espíritu. Como dije anteriormente, no se puede luchar contra un espíritu maligno en la carne. Avancé hacia la bestia. Cuando se dio cuenta de que yo estaba frente a él, trató de atacarme pero no pudo. Entonces le grité: "¡Jehová te reprenda!" Inmediatamente, vi unas manos blancas tomando las mías y juntos agarramos la bestia y la suspendimos en el aire. Luego pronuncié el último grito: "¡Sal fuera de este lugar, en el nombre de Jesús!" Mientras declaraba esas palabras, fui testigo de cómo la bestia fue arrojada más allá del piso. Parecía como si los cimientos de aquel hospital se hubieran abierto, y esa bestia cayera de piso en piso hasta que por fin, no pude volver a verla.

En seguida que aquella bestia desaparece, abro mis ojos para encontrarme en la cama del hospital rodeado por doctores y enfermeras. Según ellos, las máquinas sonaban porque yo había perdido mi pulso. Sudado y fatigado, logré tomar aire. Después de varios minutos, todos me preguntaron si estaba bien. Les contesté: "Sí, acabo de pelear con una bestia. Pero la eché fuera en el Nombre de Jesús". Al escuchar de mi tal declaración, se podrán imaginar la expresión en los rostros de los doctores y las enfermeras que me atendían.

De todas mis enfermeras, había una que era cristiana; su nombre es Jaquelin. Cuando todos salieron del cuarto,

Jaquelin me tomó de las manos para orar conmigo. Aunque los demás no entendían lo ocurrido, Jaquelin lo entendía muy bien. Varios días después de aquella experiencia, el paciente Lucas fue enviando a su casa. De un día para otro, sus piernas se habían sanado y ya estaba caminando. Así que me quedé solo en esa habitación, sin la compañía de nadie.

Unos días después de que enviarán a Lucas para su casa, le pedí a Jaquelin la silla de ruedas para salir del cuarto. En mi mente, iba a visitar a más pacientes para orar por ellos. Jaquelin decidió hacerme compañía. Tomó mi silla y la condujo por el pasillo. Al pasar por el primer dormitorio, miré dentro, pero vi que no había nadie allí. Fuimos al segundo y cuando miré tampoco había nadie. Pasamos al tercero, cuarto, quinto, sexto y no habían pacientes en las camas. Le pedí a Jaquelin que detuviera la silla y le pregunté: ¿"Cuántos pacientes hay en este piso, incluyéndome a mi"? Ella me miró y me dijo: "Solo hay uno y ese, eres tú" Le dije: ¿"cómo es posible que solo haya un paciente"? Su respuesta fue la siguiente: "Los médicos también se están haciendo la misma pregunta que tú. Solo puedo decirte que los enfermos que estaban en este piso fueron sanados desde que tuviste aquella experiencia con la bestia. Todos están en sus casas, así que tú eres el único que queda".

Capítulo 14
Dios Está En Control

Tal vez, después de leer el capítulo anterior, te encuentres preguntándote: ¿"Si Nuni luchó en contra de aquella bestia y todos los que antes estaban enfermos ahora están sanos, entonces ¿por qué Nuni no se curó con ellos"? La respuesta es la siguiente: aquella bestia controlaba e influenciaba a las enfermedades de aquel piso. Quiero aprovechar esta oportunidad para aclarar que no todo el que está enfermo está poseídos por un espíritu maligno. Aún así, quiero ser claro cuando digo que los espíritus malignos influyen el 99% de las enfermedades. Poseer e influenciar son dos cosas diferentes.

La posesión, se refiere a cuando un espíritu está controlando a una persona desde adentro. El ser influenciado, es algo que opera, no desde el interior, sino desde afuera. Es cuando un espíritu logra convencer y manipular a la persona usando poderes externos. En este caso, me atrevo a decir qué fue la influencia de los espíritus malignos lo que impidió que la enfermedad abandonara el cuerpo de estas personas. Ahora volviendo a la pregunta que muchos se están haciendo: ¿"Por qué Nuni no fue sano"?

Para ellos mi respuesta es simple; porque no era un espíritu maligno el que controlaba mi cáncer, más bien era Dios mismo. Entonces, ¿este hecho, significa que Dios es un Dios malo? ¡Absolutamente no! Al contrario, es tan bueno que nunca nos obliga a servirle ni a creer en Él.

"Y si mal os parece servir a Jehová, escogeos hoy a quién sirváis; si a los dioses a quienes sirvieron vuestros padres, cuando estuvieron al otro lado del río, o a los dioses de los Amorreos en cuya tierra habitáis; pero yo y mi casa serviremos a Jehová."(Josué 24:15, RVR1960)

Quizás, estás preguntándote, pues si Él es tan bueno, ¿por qué Dios permite cosas tan malas? Para responderles con detalles necesitaría otro libro, pero por ahora, les ofrezco este verso bíblico como respuesta:

"Y esta es la condenación: que la luz vino al mundo, y los hombres amaron más las tinieblas que la luz, porque sus obras eran malas" (Juan 3:19, RVR1960). En otras palabras, Dios es tan bueno que nos envió la luz al mundo, Su Hijo, Jesús. Pero a causa de las malas decisiones de los hombres, tales como rehusar amar a Jesús, quien vino para darnos vida, sufrimos de tantas cosas malas en este mundo. Los seres humanos no pueden pretender que, incluso cuando no deciden amar a Dios, continuarán recibiendo todos los beneficios de Dios.

Nuestro Creador fue claro cuando le dijo a Adán: "El día que comieres de ese fruto, ciertamente morirás" (Génesis 2:17, RVR1960). Las acciones de los hombres tienen consecuencias. En este caso, la decisión de Adán trajo enfermedad y muerte al mundo.

Ahora bien, si Dios es bueno, ¿por qué Nuni todavía estaba enfermo? ¿Por qué Dios no avanzaba a sanarlo?

Dios no había terminado con mi asignación

Habían más personas a las cuales yo les tenía que predicar. Otros esperando que yo oré por ellos. Y para aliviarme en esos momentos de aflicción que vienen con esta etapa de mi enfermedad, me dio un verso bíblico que me fortalecía.

"Y sabemos que a los que aman a Dios, todas las cosas les ayudan a bien, esto es, a los que conforme a su propósito son llamados".
(Romanos 8:28, RVR1960)

En mi enfermedad confiaba en que lo que estaba enfrentando no había llegado para destruirme. Yo amaba a Dios y sabía que, al final, todo esto iba a obrar para mi bien. En el momento no lo entendía todo, pero sabía que más adelante lo iba comprender.

Dios le estaba probando al diablo la magnitud del amor que yo le tenía.

La Biblia nos habla de un hombre llamado Job, con quien me identifico mucho. Era un hombre muy consagrado a Dios. Job amaba mucho a Dios y le daba generosamente de todo lo que tenía. Él servía con mucha pasión. Todos los días, Job levantaba un altar a Dios. Esto le provocaba molestia al diablo porque pensó que Job solo le era fiel a Dios por todo lo que Dios hacía con él.

"Aconteció que otro día vinieron los hijos de Dios para presentarse delante de Jehová, y Satanás vino también entre ellos presentándose delante de Jehová. Y dijo Jehová a Satanás: ¿De dónde vienes? Respondió Satanás a Jehová, y dijo: De rodear la tierra, y de andar por ella. Y Jehová dijo a Satanás: ¿No has considerado a mi siervo Job, que no hay otro como él en la tierra, varón perfecto y recto, temeroso de Dios y apartado del mal, y que todavía retiene su integridad, aun cuando tú me incitaste contra él para que lo arruinara sin causa? Respondiendo Satanás, dijo a Jehová: Piel por piel, todo lo que el hombre tiene dará por su vida. Pero extiende ahora tu mano, y toca su hueso y su carne, y verás si no blasfema contra ti en tu misma presencia. Y Jehová dijo a Satanás: He aquí, él está en tu mano; mas guarda su vida. Entonces salió Satanás de la presencia de Jehová, e hirió a

Job con una sarna maligna desde la planta del pie hasta la coronilla de la cabeza" (Job 2:17, RVR1960).

Permítanme señalar varios puntos. Lo primero que deseo establecer es que esta fue la segunda vez que Satanás sube a hablar con Dios sobre Job. En otras palabras, Satanás ya había dialogado sobre Job en el capítulo 1, pero no tuvo éxito en su primer intento. Cuando Satanás obtiene permiso para ejecutar el primer ataque a la casa de Job, descubre que nada de lo que hizo en contra de Job, lo detuvo de lograr ninguna de las cosas que solía hacer para agradar a Dios. Al contrario, Job sigue amando a Dios y sigue sirviéndole con gran pasión.

La segunda cosa que quiero establecer es que Satanás no tiene el control sobre las vidas de aquellos que aman y sirven a Dios. Tampoco puede hacer nada en contra de nosotros que Dios no lo permita. Para que Satanás pueda atacarnos, primero le tiene que pedir permiso a Dios. Si Dios le dice que no, él no nos puede hacer nada.

La tercera cosa que quiero establecer es que Dios mismo le preguntó a Satanás en el verso 3: ¿"No has considerado a mi siervo Job, que no hay otro como él en la tierra, varón perfecto y recto, temeroso de Dios y apartado del mal, y que todavía retiene su integridad, aun cuando tú me incitaste contra él para que lo arruinara sin causa"? En otras palabras, Dios le está diciendo a Satanás: ¿"No te basta con que ya lo has atacado y Job todavía me sigue amando"? "Tú deseas que yo le quite todo, más no tengo ninguna causa buena para hacerlo porque él me es fiel". Pero Satanás insiste en hacer su punto en el verso 5. Todavía creía que Job solamente amaba a Dios por todas las bendiciones que él le había dado; salud, prosperidad y una familia. Aquí es donde Satanás pide que Dios mismo toque a Job: "Extiende ahora tu mano y toca su hueso y su carne y verás si no blasfema contra ti en tu misma presencia".

Ahora me gustaría responder a la pregunta planteada al comienzo de este capítulo. ¿"Si Nuni luchó en contra de aquella bestia y todos los que antes estaban enfermos ahora son sanos, entonces ¿por qué no se curó Nuni"? Me atrevo a decir que Satanás no podía entender cómo, a pesar de tanto sufrimiento, pude seguir predicando y amando a Dios. Mi pasión por Dios resultó inquebrantable, incluso cuando mi padre calló en la droga. Mi devoción fue incansable, a pesar de que me enfrenté a un infierno cada vez que volvía a mi casa. El enemigo no entendía cómo me mantenía amando a Dios por encima de todos mis problemas. Aunque fui rechazado por los pastores y líderes de mi ciudad y me sentía despreciado por tanta gente, siempre mantuve a Dios en alta estima. En medio de la soledad inmensa que sentí durante mis viajes, amaba a Dios por encima de todo. No por lo que Él me había dado, sino porque Él es Dios. No necesito que Dios me haga favores para poder amarlo. Con solo saber que Él me creó y que envió a Su Hijo a morir en una cruz, por puro amor a mí, es suficiente para que lo ame. Además, la Biblia dice:

Y estoy convencido de que nada podrá jamás separarnos del amor de Dios. Ni la muerte ni la vida, ni ángeles ni demonios, ni nuestros temores de hoy ni nuestras preocupaciones de mañana. Ni siquiera los poderes del infierno pueden separarnos del amor de Dios. Ningún poder en las alturas ni en las profundidades, de hecho, nada en toda la creación podrá jamás separarnos del amor de Dios, que está revelado en Cristo Jesús nuestro Señor (Romanos 8:3839, NTV).

Ya que para Satanás, no fue suficiente traer todos esos ataques a mi vida, le dijo a Dios: ¿"Por qué no tocas la carne y los huesos a Nuni con cáncer"? Entonces verás cómo te va a maldecir" Sin embargo, mi reacción a Dios fue: "Si me sanas, somos amigos y si no me sanas, seguimos siendo amigos". Quiero que sepas si Dios le da permiso a Satanás para atacarte, así como lo hizo con Job en el verso 6, no es porque Dios desea verte llorando ni porque Dios te quiere ver triste o deprimido. Cuando Dios permite que el enemigo te ataque es porque le está diciendo a Satanás: "Antes tú eras un ser angelical, pero no supiste serme fiel, así que te voy a demostrar que esta creación, formada del polvo, me amará y me adorará, a pesar de esta prueba".

Finalmente, nota que en el verso número 6, Dios le dice: "Él está en tu mano, mas guarda de su vida". El problema no lo tenía yo, ni tampoco lo tiene usted. El problema lo tiene Satanás. Él te hace la guerra, pero te tiene que proteger. Te ataca pero al mismo tiempo tiene que asegurarse de que sigas con vida. Y si Dios no le permite quitarte la vida en medio de su ataque, es porque Él tiene pensado darte la victoria mientras aún estás vivo. Satanás cree que se lo sabe todo. Cree saber cómo terminará la película de tu vida. Él pensó que la adoración de Job se acabaría en el momento que Dios lo enfermara. Pero aquí, desde los labios Job, nace una alabanza como nunca antes escuchada. A diferencia de todo lo que se haya escuchado en el cielo o en la tierra.

"y dijo: Desnudo salí del vientre de mi madre, y desnudo volveré allá. Jehová dio, y Jehová quitó; sea el nombre de Jehová bendito."
(Job 1:21, RVR1960)

"¿Recibiremos de Dios el bien, y el mal no lo recibiremos?"
(Job 2:10, RVR1960)

"Yo sé que mi Redentor vive,
y al fin se levantará sobre el polvo."
(Job 19:25, RVR1960)

Así que, declaro que sobre todo este ataque, Dios tiene el control. Una adoración está a punto de salir de ti, como nunca antes se ha visto o escuchado. Dios le está dando a conocer al diablo que tú puedes ser lo que él nunca logró ser. Siendo un espíritu, Satanás falló en su fidelidad a Dios, pero tú, que fuiste creado de carne, puedes serle fiel. También quiere que el enemigo sepa que tú no amas a Dios por lo que Él te pueda dar, sino porque Él es Dios. El Señor no ha permitido esta enfermedad porque fracasaste; al contrario, eres uno de los mejores guerreros que tiene en Su Reino. Y es por eso que te ha elegido. Porque solo tú puedes afrontar una prueba como la que estás atravesando o como la que yo estaba enfrentando.

Después de todo lo dicho y hecho, prepárate, porque así como Dios hizo con Job, también lo hará contigo. Devolviéndote una doble porción de todo lo que el diablo te robó. Vendrá un mayor peso de Gloria sobre tu vida. Esta prueba tiene fecha de expiración. ¡Así como llegó, tendrá que irse! La Biblia dice:

"Porque esta leve tribulación momentánea produce en nosotros un cada vez más excelente y eterno peso de Gloria" (2 Corintios 4:17, RVR1960).

Lo que solía llamar una amenaza de muerte, como lo es el cáncer, Dios lo llama una prueba leve. En otras palabras, esta prueba no puede vencer a mi Dios. ¡Él es invencible! Nadie jamás le ha podido ganar. Ni el cáncer, ni ninguna enfermedad en el mundo se puede parar cuerpo a cuerpo con mi Dios. El segundo hecho que establece este verso es que la prueba que tienes ante ti es momentánea; no durará para siempre. Y finalmente, esta prueba no te está quitando; al contrario, produce en ti más Gloria cada día. Está creando en ti más presencia de Dios. En lugar de separarte de Dios, te acerca más a Dios. Estás desarrollando habilidades en ti que no tenías antes. El enemigo se va a arrepentir de haberle pedido a Dios que te envíe tal prueba.

Celebra porque esta lucha está llegando a su final. Celebra porque saldrás más fuerte de lo que eras.

Capítulo 15

Por Sus Llagas, Hemos Sido Sanados

Después de tres meses en aquel hospital, me trasladaron al Hospital Universitario en Newark, NJ donde un grupo de oncólogos y ortopedistas iban a tratar mi caso. Fui recomendado a ellos por la misma doctora que me salvó la pierna. Recuerdo cuando me llevaron a la ambulancia para ser trasladado al nuevo hospital. Debido a mi enfermedad, llegué a sentirme como un prisionero. Desde el momento que me llevaron al hospital y me diagnosticaron, hasta el traslado, no había salido afuera. Nunca me dieron la oportunidad de a regresar a mi casa.

El Hospital Universitario quedaba al frente de mi casa. Cuando pasamos mi hogar, el dolor y la tristeza intensificaron. Lloré al ver mi casa por la ventanilla de aquella ambulancia porque deseaba volver a lo que antes identificaba como un infierno de hogar. Prefería lidiar con un padre adicto y padres en un matrimonio disfuncional que con una enfermedad como el cáncer. Me encontraba preso en un hospital solo por amar a Dios. Pero aún así, le dije a Dios: "Que se haga Tu voluntad y no la mía".

Al llegar a mi nuevo hogar me tocó conocer a mi nueva

oncóloga. Ahora, preste mucha atención a lo que le voy a contar. El primer doctor que me diagnosticó el cáncer, el mismo que me dijo: "Te quedan seis meses de vida" murió seis meses después. Cuando él me dijo que no sobreviviría, le respondí: "Por sus llagas, hemos sido sanados" (véase Isaías 53:5). Pero él me miró y me dijo: "Yo no creo en eso". Por falta de fe, cuando llegó el cáncer a su vida, murió. La solución a su cáncer estaba simplemente en creer en el poder de las llagas de Jesús. Mi pregunta es, ¿qué te cuesta creer? Creer no cuesta nada.

Ahora mi nueva doctora me mira y me dice: "Rafael, te haremos sentir lo más cómodo posible durante el tiempo que te quedes aquí". Le respondí: "No se preocupe que a mí no me queda mucho tiempo aquí. No porque vaya a morir, sino porque seré sano. Por Sus llagas, hemos sido sanados". Con una sonrisa me miró. Luego miró a mi madre y le dijo: "No entiendo, pero está bien". Le dije: "Hablemos de doctor a doctor". Con una sonrisa hermosa, la doctora me responde: "Hablemos". Entonces dije: "Como doctora, usted sabe que existen 39 ramas de enfermedades en todo el mundo. Jesús recibió 39 latigazos en su espalda. Cada latigazo dejó una llaga. Una de esas llagas se llamaba cáncer" Maravillada me dijo: "Amén".

Mucho antes de que Jesús llegara a la tierra, el profeta

Isaías tuvo una visión. En su visión él vio al Cordero de Dios (Jesús) y cómo fue azotado y golpeado por nuestros pecados y enfermedades.

"Más el herido fue por nuestras rebeliones, molido por nuestros pecados; el castigo de nuestra paz fue sobre Él, y por su llaga fuimos nosotros curados".
(Isaías 53:5, RVR1960)

Tenga en mente que cuando Isaías habló acerca de esto, faltaban cientos de años para el nacimiento de Jesús. En otras palabras, esto no fue una improvisación por Dios, a última hora. Él siempre tiene un plan. Mucho antes de que llegara la enfermedad, Dios ya había preparado el milagro. Los seres humanos tienden a esperar hasta que llegue una enfermedad para crear un antídoto, pero este antídoto ya estaba disponible en Dios mucho antes de que existiera el cáncer.

Es importante que entiendas que Jesús llegó a reparar lo que Adan arruinó en el huerto del Edén. Al comer del árbol prohibido, Adán y Eva introdujeron el pecado al mundo. De inmediato, el pecado lo corrompe todo: la naturaleza, los animales y al ser humano, causando muerte y enfermedad. Así que, al morir en la Cruz, Jesús tenía que no solo crucificar el pecado, sino también todo lo que el pecado proporcionó; cosas como la muerte y la enfermedad. Por lo tanto, cuando Dios le muestra a Isaías esta visión sobre Jesús, el profeta no solamente menciona el pecado (la causa), sino también las enfermedades (el efecto). Lo más impactante de este verso es que Isaías no dice: "Por Sus llagas". Él dice" "Por Su llaga". O sea, fueron 39 llagas pero con una sola basta para sanarte. Con una sola llaga basta para perdonarte. Con una sola llaga basta para salvarte. Con una sola basta para libertarte.

Hay gente que nunca van a leer la Biblia. Esté fue el caso de esta doctora, que ni siquiera había tomado una Biblia. Pero tengo buenas noticias para ti. Cada vez que un creyente camina por la calle, el mundo tiene la oportunidad de leer la Biblia. Así que esta doctora estaba a punto de leer su primer capítulo de la Biblia. No a través de páginas hechas de papel, sino a través de la demostración de mis hechos. Dado que la Biblia no es para saberla, es para vivirla.

Capítulo 16
Yo Soy La Muerte

Después de conocer al nuevo equipo de médicos, y debido a que el cáncer estaba en una etapa avanzada, consumiendo todos los huesos de mi pierna izquierda, decidieron darme quimioterapia. Del tipo más fuerte que pudieron darme. De todos los pacientes de mi doctora yo era el más joven. Tenía solo 22 años de edad y debido a eso mi oncóloga me había puesto en un cuarto privado para allí recibir mi quimioterapia. Era su mayor deseo poder tenerme lo más cómodo posible. En realidad, yo no tenía ni la menor idea de lo que iba a enfrentar.

Recuerdo vívidamente cuando junto a mi suero pusieron ese bolso de color naranja oscuro y lo cubrieron con otra bolsa negra por encima. Cuando primero vi esto, me dije a mi mismo: "Esto está fácil. ¿Esto es quimioterapia? Solo que la quimioterapia duraba cinco días corridos, lo que significaba que una vez que el líquido entrara por completo a mi cuerpo, de inmediato colocaban una bolsa nueva. El proceso del tratamiento se repetía continuamente de lunes a viernes, dándome por fin un descanso de solo una semana. Tan pronto que se cumplía la semana de descanso, inmediatamente volvían a colocar aquella bolsa anaranjada con el plástico negro.

Créeme, ese bolso se convirtió en una tortura para mí. Todos los días, sentía como si me estuviera diciendo que me estaba muriendo. Que en verdad, su trabajo no era sanarme; era torturarme hasta el día en el que aquel cáncer por fin lograra quitarme la vida. Ella me decía: "Lentamente te voy a quitar toda tu salud, poco a poco, comenzando por tu cabello". Con cada pérdida me anunciaba que la muerte estaba más cerca de mí. Mientras los médicos veían una bolsa llena de esperanza, yo solo conocí una bolsa de tortura. Un recordatorio, de que la realidad tenía mis días contados. Aquella bolsa me provocaba náuseas, vómitos, mareos, fiebres y escalofríos. Hasta sentía cuando me salía por los poros de mi cuerpo. El olor a sudor que emanaba de mis poros era como el azufre. A mi alrededor, apestaba a infierno.

Cada veinte minutos me ocurrían los síntomas antes mencionados. Sentía que aquella bolsa me iba a volver loco. Era como una montaña rusa que nunca quería acabar. Pasé por frío, vómitos, me mareaba y me daba fiebre. Empezaba a sudar como si estuviera en una sauna. Si tuviera que describir qué es la quimioterapia, yo les diría que es un virus integrado en tu cuerpo. Uno que entra para combatir otro virus llamado cáncer y convierte todo tu cuerpo en el campo de batalla. En esta guerra, los inocentes están pagando las consecuencias. Aquí, la parte inocente se describiría como mi piel, mis cabellos, mis ojos y todos mis sentidos. Es como tener gripe las 24 horas del día, los 7 días a la semana.

Les confieso que aún escribiendo este capítulo, de momento siento que estoy perdiendo el aliento al revivir el recuerdo de lo sucedido. Con tan solo cerrar mis ojos por un segundo puedo verme en aquel cuarto deprimente, recordando el comienzo de mi tortura. Cada vez que caía otra gota más, no solo desaparecía la poca salud que me quedaba, sino también aquellas personas que decían ser mis amigos. Muchos dejaron de visitarme; aun los ministros brillaban por su ausencia. Incluso, dejé de escuchar la voz de Dios. Mientras comparto estos recuerdos, mi corazón no puede evitar sentir un gran dolor. Pero con todo me regocijo, porque si puedo sentir ese dolor, significa que aún estoy vivo. Ya que los muertos no sienten ni padecen.

Colocaron un pórtico dentro de mi pecho, en la parte derecha que facilitaba una entrada a una de las venas principales de mi cuerpo. A través de ese pórtico, recibiría líquidos de quimioterapia y, por lo tanto, se esparcía rápidamente por todo mi cuerpo, atacando todas las células cancerosas. El primer día que me conectaron aquella bolsa, sentí de inmediato las primeras gotas de quimioterapia cuando entraron por mis venas. Mi cuerpo se sintió muy raro. Entendí que mi lucha apenas estaba comenzando. Aún no se decirles cuál es peor; el cáncer o la quimioterapia. Lo único que les puedo decir es que no le deseo nada de esto, ni siquiera a mi peor enemigo. Cuando llegó el primer viernes del tratamiento, durante la madrugada, recibí una visita. Y no, no era el tipo de visitante que deseaba tener.

Durante mi batalla con el cáncer les puedo contar con los dedos de mi mano izquierda, cuantos pastores y evangelistas fueron a visitarme. Cuando más deseaba su compañía, con la esperanza de recibir oración y una Palabra de vida, me enteraba que eran parte de aquellos que estaban esperando el día en el que mi madre les diera la noticia de mi muerte, debido al cáncer. Me preguntaba dónde estaba la Fe que ellos proclamaban tener. O tal vez, algunos la tenían, pero no estaban dispuestos a usarla para que yo me sanara. Lo bueno de todo esto es que Dios no necesita la Fe de los demás para sanarte ni levantarte. Tu misma Fe es más que suficiente para mover a Dios a tu favor. Descubrí rápidamente que no todos los que llevan un título, cargan con la unción que conlleva el título. Como resultado, te diré, que siempre pongas tu confianza en Dios, no en los hombres. Ellos te fallarán, pero Dios jamás te fallará. La Biblia dice:

"Puestos los ojos en Jesús, el autor y consumidor de la fe,
el cual por el gozo puesto delante de él sufrió la cruz,
menospreciando el oprobio, y se sentó a la diestra del trono
de Dios."
(Hebreos 12:2, RVR1960)

Si mantienes tus ojos en los hombres, te vas a encontrar decepcionado, ya que la naturaleza del ser humano es fallar. Más la naturaleza de Dios es serte fiel. Habiendo dicho esto, si mi milagro hubiera dependido de aquellos ministros, me hubiera muerto.

Así que, temprano en la mañana, en el primer viernes de quimioterapia recibí una visita horrible. Cuando escuché los pasos acercándose a mi habitación, pude identificarlos como alguien que caminaba con unas botas puestas. Según el sonido, parecía que eran botas de vaquero. El miedo que sentí mientras caminaba hacia mí me aseguró de que lo que se acercaba a mi cuarto era desagradable. Sabía que sus intenciones no eran buenas para conmigo porque Dios nos causa miedo, sino paz y valentía.

"Porque no nos ha dado Dios espíritu de cobardía, sino de
poder, de amor y de dominio propio"
(2 Timoteo 1:7, RVR1960).

Cuando abrí mis ojos, vi un hombre cuya altura llegaba hasta el techo. Tenía el mismo sombrero negro que yo había visto en mi niñez y un saco negro que le llegaba hasta los pies. Sí, era el mismo hombre que visitaba a mi padre cuando yo era un niño. No entendía porqué estaba en mi cuarto. Me dijo: "Yo soy la muerte". De inmediato, vi frente a mí una ataúd.

Aquel personaje que proclamaba ser la muerte, abrió el ataúd y mientras lo abría me decía: "Esto es lo que voy a hacer contigo" Tomó mi cuerpo y lo colocó dentro. Cuando traté de pelear contra él y salirme de aquel ataúd, no pude, porque mi cuerpo estaba paralizado. Tampoco podía abrir mi boca, solo podía escuchar la voz de mis pensamientos.

Inmóvil, vi cuando la muerte se paró detrás de mi cabeza, la cual descansaba en la almohada de aquel ataúd. Entonces noté que la herramienta que tenía en la mano era la misma que las funerarias usan para acomodar a los muertos dentro del ataúd, antes de cerrar la caja. Mientras colocaba aquel instrumento me decía: "Esto es lo que voy a hacer contigo y con tu llamado". Entonces comencé a sentir mi cuerpo hundiéndose dentro del ataúd. Mientras lentamente cerraba el ataúd, no tuve otro remedio, sino observar mientras la oscuridad me arropaba. Cuando finalmente lo cerró por completo, comencé a notar que el ataúd descendía por la tierra. A este punto no podía ver al hombre, pero lo escuchaba. Echando tierra sobre la caja, de nuevo me repetía: "Esto es lo que voy a hacer contigo". En ese momento comencé a clamar a Dios en mi mente.

La locura de todo esto fue que al mismo tiempo que yo estaba atravesaba esta experiencia, mi papá vivía el mismo episodio en mi casa. Mi padre cuenta cómo al igual se encontró con el personaje que acabo de describirles. Estaba frente a él, diciendo: "Esto es lo que voy a hacer con tu hijo". Cuando mi papá miró, pudo ver mi cuerpo dentro del ataúd, las flores y la gente llorando en una iglesia, mientras todos cantaban el himno "Aleluya". En la descripción de mi padre, vio cuando aquel personaje se paró al junto a mi cabeza y cerró el ataúd. Escuchó a este malvado repitiendo una vez más: "Esto es lo que voy a hacer con tu hijo" Mientras tanto, estoy viviendo el mismo incidente que mi papá, solo que yo estaba dentro del ataúd y él afuera.

Cuando me di de cuenta que él me estaba sepultando, le dije a Dios en mi mente: "Yo soy tuyo. Siempre lo he sido y siempre lo seré. Jesús, la muerte no tiene más autoridad que Tú". Cuando mencioné esas palabras, mi boca fue libre para hablar y grité: "¡Muerte yo no soy tuyo! ¡Yo le pertenezco a Jesús! Él te venció en la Cruz del Calvario. Y solo Él tiene las llaves de la muerte. Yo no me voy a morir.

Dios me dijo que tenía mucho que hacer conmigo todavía". Mientras declaraba aquellas palabras, el ataúd fue abierto. De repente, comencé a huir con gran desesperación. Tanto fue, que sin darme cuenta, me estaba saliendo de mi cama. Solamente veía un ataúd, no pude ver una cama de hospital. Mi padre me sujetaba porque me estaba cayendo de mi cama. Pero aún así no pude ver a mi papá, solo veía un ataúd abierto, frente a mí. Estaba tratando de salirme lo más rápido posible, pero mi padre me abrazaba y me decía: "No te vas a morir. Tú eres de Cristo, tú eres de Cristo. Papi está aquí. Tú eres de Cristo". Al fin, mis ojos naturales fueron abiertos y pude ver a mi padre. Le dije: "la muerte me visitó" Su respuesta fue: "Lo sé, por eso estoy aquí. Tú eres de Cristo".

A los pocos días, me sentaron para darme un baño. No podía soportar el olor que salía de mis poros. Mientras me bañaba, comencé a lavarme el cabello. Mi Fe era tan grande que pensaba que nunca se me caería el cabello. Pero mientras lo enjuagaba, noté mucho pelo en mis manos y por todo el piso de la bañera. Sentí un gran ardor en mi cabeza. Cuando vi que el agua se llevaba todo mi pelo, me volví loco gritando. Mi papá avanzó a donde mí y al verme sin cabello lloró y dijo: "Sansón también perdió su cabello, pero Dios se lo devolvió". Aquellos que me veían sin cabello me decían, eres varón y los hombres calvos lucen bien. Más ellos no entendían que mientras veían a un chico sin cabello, yo veía a un chico rodeando por la muerte. Esta lucha fue más intensa de lo que yo me imaginaba, ya que no solo era en contra del cáncer, sino también en oposición de la misma muerte.

Capítulo 17

O Muerte, Yo Seré Tu Muerte

Ahora, estaba claro que mi batalla no era solamente contra el cáncer, sino también en oposición directa a la misma muerte. En cuanto al cáncer, es importante saber que existen diferentes tipos, y cada persona afectada lucha en diversas etapas. Según la etapa del cáncer, se conoce la probabilidad de que la persona se cure. Al entrar en la cuarta etapa, ya no estás combatiendo solamente con la enfermedad; vas luchando cuerpo a cuerpo y cara a cara contra la misma muerte. Claramente, ningún ser humano desea morir. Todos anhelamos una larga vida. En mi caso, apenas tenía 22 años de edad. Tenía mucho por delante. La verdad es que en la realidad, yo no temía a la muerte, pues estaba seguro de que para aquellos que están en Cristo, hay un paraíso que los esperan. Jesús dijo:

"Si alguno me sirve, sígame; y donde yo estuviere, allí también estará mi servidor. Si alguno me sirviere, mi Padre le honrará".

(Juan 12:26, RVR1960)

"En la casa de mi Padre muchas moradas hay; si así no fuera, yo os lo hubiera dicho; voy, pues, a preparar lugar para vosotros".
(Juan 14:2, RVR1960)

Por lo tanto, no debe haber preocupaciones para aquellos que mueren en Cristo, pues es el mismo cielo nos espera. Es por esta misma razón que la muerte estaba tan enojada conmigo. Por la frustración de saber que si yo moría, ganaba y si vivía, ganaba.

"Porque para mí el vivir es Cristo, y el morir es ganancia".
(Filipenses 1:21, RVR1960)

De la única forma que la muerte nos puede vencer es mientras vivimos fuera de Cristo, porque allí es donde se manifiesta la segunda muerte. Permítanme explicarles: En el huerto del Edén, Dios fue muy claro en Sus instrucciones con Adán y Eva cuando les dijo: "De todo árbol podéis comer menos del árbol de la ciencia del bien y del mal. Porque el día en el que comas de él, ciertamente morirás" (Génesis 2:17, RVR1960). Sin embargo, cuando Eva come del fruto prohibido, no cayó muerta al suelo de inmediato. Cuando Adán ve que no le pasó nada a Eva, él también decidió comer. Pero la muerte de la que Dios les estaba hablando implicaba más allá del estado físico, incluía la condición del alma. El alma humana es el mismo aliento de Dios, el cual "sopló para que el hombre fuera un ser viviente" (véase Génesis 2:7). El alma es responsable de mantener el cuerpo vivo. No solo sostiene el marco físico, sino que también lo maneja. En otras palabras, el cuerpo es solo un vehículo que permite que el alma pueda operar aquí en la tierra. Cuando el cuerpo muere, el alma abandona el cadáver y se dirige hacia un lugar de eternidad. Al partir, se supone que debe regresar a Dios, ya que vino de Él. Pero su destino final depende de cómo vivió la persona en la tierra. Está basado principalmente en si la persona aceptó a Jesús como su Salvador, pues Él es el único camino a la salvación y la puerta de entrada para el cielo. Así que el alma puede regresar a morar con Dios, pero solo a través de Jesús.

"Yo soy la puerta; el que por mi entrare, será salvo; y entrará, y saldrá, y hallará pastos"
(Juan 10:9, RVR1960).

Muchos se enojan al preguntar si Dios es tan bueno, ¿por qué permite que la gente vaya al infierno? Mi respuesta a ellos es la siguiente: Dios es tan bueno que respeta las decisiones que una persona toma en la tierra. Cuando alguien determina que no quiere nada que ver con Jesús, Dios toma en cuenta su preferencia a la hora de la muerte. Reconociendo que en sus años de vida eligieron vivir apartados de Jesús, se entiende que en la eternidad tampoco van a querer tener nada con Él. Así que Dios los envía al único lugar donde Él no habita.

Adán y Eva abrieron la puerta del infierno. Y es esa la segunda muerte. La muerte de la perdición. La muerte de la condenación. La que por siglos ha llevado a los desobedientes hacia al cautiverio. Jesús hablaba sobre ese lugar mientras les contaba a los discípulos acerca de un rey que murió y llegó a un lugar de calor extremo y tortura (vea Lucas 16:1931). El rey pidió permiso para salir y notificar a sus hermanos sobre la existencia de ese lugar. Dios le respondió recordándole al rey que por eso había enviado profetas a la tierra, para que ellos lo anunciaran al mundo.

Dado que la humanidad logró abrir las puertas del infierno, para tener una oportunidad de redención, los hombres se encontraron ante los sacerdotes ofreciendo un sacrificio por el perdón de sus pecados. Los más ricos le llevaban un cordero y los más pobres una paloma. El sacerdote llevaba esos sacrificios al altar para que así Dios les perdonara sus pecados y fueran librados de la muerte segunda (vea Levítico 12:6). Ahora bien, este es un hecho inevitable: todo hombre que nace tiene que enfrentarse a la muerte. Incluso el mismo Jesús nació para afrontar y vencer la muerte. Por eso las amenazas le llegaron desde el vientre de su madre.

Mediante la visitación del Espíritu Santo, Jesús fue concebido en el vientre de María. Más ese concepto era inconcebible ante los hombres carnales quienes nunca iban a aceptar que María estuviese en cinta por la obra del Espíritu Santo (vea Mateo 1:18). La lógica dicta claramente que solo a través de un hombre puede concebir una mujer. Pero Dios no es limitado por la lógica. Esta habilidad es precisamente lo que hace que Dios sea ¡Dios!, y lo revela como el Dios de lo imposible.

La primera amenaza existía dentro de la ley que exigía que todo aquel que fuera declarado culpable de fornicación o de adulterio sería apedreado hasta la muerte por su pecado, junto con su cómplice. Al enterarse de su embarazo, José, el prometido de María, intentó huir, pues aún no la había tocado. Su lógica le decía que María había estado con otro hombre, pero el ángel de Jehová lo visitó, confirmando que todo fue la obra del Espíritu Santo. Como les decía anteriormente en el primer capítulo de este libro, el segundo intento ocurrió cuando nació Jesús y el rey Herodes buscaba matarlo (vea

Mateo 1:20). Era necesario que Jesús enfrentara la muerte como hombre porque nadie jamás podrá derrotar algo si no está dispuesto a hacerle frente.

No olvidemos que Jesús estaba desafiando ambos; la muerte física y también la del alma. En Mateo 4, lo encontramos a solas en el desierto enfrentando a Satanás. Toma nota de cómo cada tentación presentada por Satanás estaba intencionada a provocar que Jesús perdiera la vida y su alma. Sin embargo, la Biblia declara que Él se mantuvo perfecto en todo.

"Cristo no pecó nunca, y jamás engañó a nadie. Cuando lo insultaban, jamás contestaba con insultos, y jamás amenazó a quienes lo hicieron sufrir. Más bien, dejó que Dios lo cuidara y se encargara de todo, pues Dios juzga a todos con justicia".
(1 Pedro 2:2223, TLA)

Si Jesús hubiera pecado, arruinaría el plan de ser el Cordero que descendió del cielo para perdonar el pecado de la humanidad.

"El siguiente día Juan vio a Jesús que venía a él, y dijo: He aquí el Cordero de Dios, quien quita el pecado del mundo".
(Juan 1:29, RVR1960)

Ahora bien, habiendo establecido este punto, podemos apreciar mejor el por qué la perfección de Jesús y Su capacidad de llegar a la Cruz fue un inconveniente significativo para la muerte. La muerte estaba decidida en mantener a Jesús lo más lejos posible de la Cruz, porque era un lugar de sacrificio. Si Jesús lograba entrar en contacto con la Cruz sin pecado alguno, garantizaría la desaparición de la muerte. Por lo tanto, cuando Jesús tomó nuestros pecados sobre Su espalda, estaba ganando acceso a la crucifixión. En cierto instante, la muerte comenzó a celebrar, porque solo un pecador podía morir en una cruz. Llego un momento cuando parecía como si Jesús hubiera sido derrotado. La muerte aparentaba ser la ganadora. Desde el punto de vista del enemigo, el cautiverio continuo de la humanidad estaba a la mano ya que nadie podía salvarlos. Al mirar la Cruz, lo único que la muerte podía ver era todas las iniquidades que Jesús se había impuesto, ya que crucificó nuestros pecados juntamente con Él.

Por esta razón, al morir, Jesús no pudo pasar de inmediato al paraíso. Antes de que existiera la Cruz cada vez que Jesús libertaba a alguien y les decía: "Tus pecados son perdonados". Con esas mismas palabras, asumía la responsabilidad por el pecado de esa persona. A medida que liberaba gradualmente a las personas, Jesús tomó el lugar de cada pecador, hasta que por fin, de una vez, en la Cruz del Calvario, se echó sobre sí mismo el pecado del mundo entero cuando dijo: "Padre, perdónalos, porque no saben lo que hacen" (Lucas 23:34, RVR1960).

Mientras la vida de Jesús se desvanecía, la muerte estaba celebrando, principalmente porque sabía que la consecuencia y el castigo de todo ese pecado sobre sus hombros, le ganó a Jesús un lugar en el infierno. Por fin, las fuerzas del mal lograron acceso a Él. No existía forma de evitarlo. Debido a que cargó con nuestros pecados, Jesús tuvo que enfrentarse a las oscuras prisiones del infierno. Pero lo que la muerte no pudo anticipar es cuan complicado iba a ser esto para el infierno. Porque aunque Jesús cargó con los pecados del mundo, en Él no se halló ninguno. Su condición, libre de pecado, significaba que la muerte no tenía autoridad sobre él. No pudo retenerlo ni hacerlo prisionero.

Es aquí donde ocurre lo nunca antes visto. Jesús tomó control del infierno y comenzó a predicar el evangelio a todos los que allí estaban presos. Siendo el Dios de justicia, quien vino a la tierra para dar una segunda oportunidad a toda la humanidad, sacó el tiempo para ofrecer esa misma oportunidad a los que murieron mucho antes de que Jesús naciera. Así como les predicó a los vivos, ahora les predicaba a los muertos. De repente, lo que antes parecía ser una derrota frente a la muerte, quedó ahora expuesto como el plan perfecto de Dios para vencer la muerte, de una vez y por todas. Mi pecado sobre Él, fue la llave que le permitió entrar, pero su perfección fue la llave que permitió la salida (vea 1 Pedro 3:18,19). Al considerar las palabras del rey David, me atrevo a decir que él predijo proféticamente que Jesús llegaría al infierno para derrotar a esta segunda muerte y predicarle a aquellos cautivos.

"Si subiere a los cielos, allí estás tú: y si en el Seol hiciere
mi estrado, he aquí, allí tú estás"
(Salmo 139:8, RVR1960).

Hubiera querido verle la cara a la muerte, al darse de cuenta que Jesús había llegado, no para ser su prisionero sino para traer libertad a los cautivos y llevarlos con Él al cielo. ¡Sí! Se los llevó con Él hacia el paraíso. Pues una predicación no es predicación si no hay por lo menos un llamado para el arrepentimiento.

"Por lo cual dice: Subiendo a lo alto, llevó cautiva la
cautividad, Y dio dones a los hombres"
(Efesios 4:8, RVR1960).

Claramente, la Palabra de Dios establece que Jesús no solamente libertó a los que escucharon Su mensaje, sino que también dio poder a todos los que creemos en Él, para que la muerte ya no tenga ninguna potestad sobre nosotros. A la hora de morir, ya no tenemos que ir a aquellas prisiones de oscuridad. Cristo pagó el precio de nuestra libertad.

Para aquellos mismos días, habían ciertos muertos los cuales sus familias habían llorado y sepultado. Más la muerte de Jesús resultó tan poderosa que, mientras Jesús perecía en la Cruz, ellos comenzaron a resucitar (Mateo 27:52). Lo que más me impacta de esto es que Jesús comenzó a darle golpes mortales a la muerte en un instante después de su muerte. Al llegar y libertar a los cautivos, Jesús se convirtió en la muerte de la muerte. Ahora, considere lo siguiente: si Jesús pudo resucitar a los muertos durante Su muerte, ¿qué no haría con la muerte ahora que está vivo y sentado a la diestra de Su Padre Dios (Marcos 16:19). Con razón el diablo y sus demonios temen cuando el Nombre de Jesús es mencionado aquí en la tierra. Pues cada vez que proclamas "JESÚS", le estás recordando al diablo la paliza que le dio en la tierra. No como Dios, sino como hombre. Entonces, si Jesús pudo derrotar la muerte siendo hombre, ¿cuánto más podría hacerle ahora como mi Dios? Por esta misma razón, la muerte le teme tanto a un creyente. Sobre todo porque ese mismo Jesús, quien vive ahora sentado en Su trono a la diestra del Padre, también vive dentro de nosotros dándonos acceso a ese mismo poder.

Por lo tanto, dedico este capítulo a la muerte. Para recordarle que está vencida. Porque muchos de los que han profesado ser el camino a la salvación han muerto; tal como Buda, Muhammad, Gandhi. Pero cuando Jesús murió, resucitó al tercer día. Nunca jamás volvió a morir, sino que ascendió a los cielos en vida. En el libro de revelaciones Dios se manifiesta al Apóstol Juan, quien luego dijo:

"Cuando lo vi, caí como muerto a sus pies. Y él puso su diestra sobre mí, diciéndome: No temas; yo soy el primero y el último; y el que vivo, y estuve muerto; mas he aquí que vivo por los siglos de los siglos, amén. Y tengo las llaves de la muerte y del Hades"
(Apocalipsis 1:1719).

Jesús nunca morirá. Él está vivo para siempre. De modo que no hay que temer a la muerte. La muerte debe tenerle miedo a Él, porque Jesús es la muerte de la muerte. De alguna manera la muerte logró olvidar la advertencia que Dios dio muchos años antes de Jesús viniera a morir cuando le dijo:

"De la mano del Seol los redimiré, los libraré de la muerte. Oh muerte, yo seré tu muerte; y seré tu destrucción, oh Seol; la compasión será escondida de mi vista".
(Oseas 13:14, RVR1960)

Habiendo dicho esto, si estás en Jesús, no tengas miedo a la muerte. En cambio, ten miedo de morir antes de desarrollar tu potencial completo. Ten miedo de morir, con todo esos sueños aún dentro de ti. Ten miedo de morir antes de haber realizado todos tus objetivos. Tenle miedo a morir con todos esos libros que aún están dentro de ti, así como este libro estaba dentro de mí. A todo costo, debes evitar morir lleno. Muere vacío. Deja todos los depósitos divinos que hayas recibido aquí en la tierra. No cedas nada a la muerte. Comienza a vaciarte aquí en la tierra. No te lleves nada.

Mi temor no era la muerte. Mi temor era morir con este libro dentro de mí, ya que nunca había sido publicado. Morir lleno de sermones que aun no había predicado. Todavía quedaba mucho en mi tanque. Tenía que llegar a ser un esposo, un padre, un abuelo. Me faltaba mucho por hacer. Así que hoy tú también debes renunciar a la muerte. Pon un fin a la muerte en tu vida. Dile que tú le perteneces a Jesús. Que aún tienes gloriosos logros por delante. Que Dios no ha terminado contigo. Y el día cuando finalmente termine contigo, la muerte no vendrá a buscarte; será el mismo Jesús.

Dios no es un Dios de muertos, sino de vivos. Con esto les aseguro que Dios no mata a nadie; solo los mueve de un lugar a otro. Procura que cuando llegue el momento de mudarte a ti, te encuentres más cerca a Dios y no lejos de Él.

Capítulo 18
Yo Era Ciego, Pero Ahora Veo

En los capítulos anteriores, les mencioné que esta lucha con el cáncer me haría vivir lo que había predicado por años, ya que los sermones que más impactan al mundo no son los que predicas a través de un micrófono, sino aquellos que vives cuando el micrófono no está en tu mano. La intensidad de la quimioterapia cada vez era peor. Tanto fue así que los dolores en mis huesos aumentaron hasta quemarme la piel. Ya no me quedaba cabello. Mis ojos se pusieron amarillos. Mi piel había cambiado de color, el tono natural de mi piel tomó vuelo y ahora mi nueva complexión era como púrpura. Pesaba casi 180 libras a causa de que todo lo que comía salía por mi boca tan pronto como entraba. Y para colmo de todo, el interior de mi boca estaba lleno de llagas y perdí el sabor de la comida.

Yo casi no podía hablar. Había perdido mi sonrisa y cuando trataba de hallarla me parecía como si se hubiera desaparecido para siempre. Aquel chico, que a menudo se reía a carcajadas, ahora se conocía por su silencio. Aquella risa contagiosa, que inspiraba una sonrisa en otros, se convirtió en un llanto constante. Puede ser que tal vez te preguntes, pero ¿por qué molestarse en llorar, si Dios te dijo que te iba a sanar? Mas hubieron días largos en los que parecía que mi realidad le estaba ganando a mi fe. Días donde me sentía que Dios se tardaba demasiado con mi milagro. Hasta el punto que llegué a pensar que Dios se había olvidado de mí. Si alguna vez has pensado lo mismo, no te sientas mal. En algún momento u otro, todos nos hemos sentido así, especialmente cuando no vemos el milagro ocurrir tan pronto como lo queremos. Como si Dios pudiera olvidarnos alguna vez. El mismo Job llegó a expresar que también se sintió olvidado por Dios cuándo le reclamaba: ¿"Por qué escondes Tu rostro y me consideras Tu enemigo"? (Job 13:24). La pregunta de Job nos lleva al entendimiento de que Job le oraba a Dios más Dios no le contestaba. Así fue precisamente como me encontraba yo: Orando y orando sin escuchar nada de Dios. Entonces, ¿qué hacemos cuando oramos y Dios no nos responde? Seguimos orando. Seguimos creyendo. No debemos detenernos. Nos mantenemos firmes en la fe, esperando hasta que Dios haga algo.

Job llegó hasta pensar que Dios estaba enojado con él, pero por su experiencia aprendí dos cosas: (1) Que no hay nada malo en llorar. (2) Que sí vas a llorar, tienes que llorar con Fe. Tus lágrimas se convertirán en el agua que

Dios usará para hacer florecer tu milagro. El salmista declara que aquellos que siembran con lágrimas, segarán con gritos de júbilo.

"El que con lágrimas anda, llevando la semilla de la siembra, en verdad volverá con gritos de alegría, trayendo sus gavillas"
(Salmos 126:56, LBLA)

Las lágrimas tienden a ocultar la revelación. Cuando Jesús lloró ante a la tumba de Lázaro, la gente decía: "llora porque lo amaba" (Juan 11:3637). Sin embargo, yo difiero. Jesús no lloraba por la muerte de Lázaro sino por la falta de Fe que existía entre aquel pueblo. María la hermana de Lázaro le dijo: "Si hubieras estado aquí, mi hermano no hubiera muerto". Ella tenía suficiente Fe para creer que Jesús podía sanar a los enfermos, pero no para resucitar los muertos. Marta también le dijo: "Si hubieras estado aquí, mi hermano no hubiera muerto". Su Fe era igual a la Fe de todo aquella aldea. Todos estaban de acuerdo; Jesús tenía el poder para sanar enfermos, pero no para levantar muertos.

Dios había permitido la muerte de Lázaro para que todos en aquel pueblo supieran que Jesús no solo sana a los enfermos, sino que también resucita muertos. Mientras lloraba, entre Sus lágrimas, Jesús nos revela, que incluso, cuando todo el pueblo sufre de falta de Fe, Dios puede obrar milagros. Fue entonces cuando Jesús dijo: "Padre, gracias Te doy por haberme oído. No lo digo por Ti sino por los que me rodean". En otras palabras, mientras Jesús lloraba por la insuficiencia de Fe entre la gente, a pesar de sus lágrimas, Dios le mostraba si tan solo pronunciaba el nombre de Lázaro, Su amigo muerto saldría vivo de aquella tumba. Ese milagro nunca iba a ocurrir a través de la Fe de aquel pueblo, más bien, solo sucedió por la misma Fe de Jesús. Por cuanto lo que aconteció en esa ocasión, hoy me atrevo a decir que si no tienes mucha Fe en tu milagro, cuenta con Jesús, Él siempre tiene lo suficiente para ti.

Después de llorar, Jesús dijo: "Muevan la piedra" (Juan 11:39). Así que a ti te digo:¡prepárate! Si has llorado y has llorado mucho, prepárate porque tu redención se acerca. Porque Jesús no solamente sana los enfermos, Él también levanta muertos. Cualquier dificultad que enfrentas no llegó para destruirte, llegó para mostrarte que Jesús también levanta muertos. En otras palabras, Jesús es capaz de hacer cualquier cosa. ¡No lo limites!

En mi caso, antes de que Dios me pudiera sanar de cáncer, me iba a mostrar que no solo tenía el poder para librarme de cáncer, sino también el poder para curar mi vista.

Una tarde, durante semanas de quimioterapia intensa, noté que mi vista se nublaba mientras hablaba con mi mamá. Como reacción, repetidamente comencé a abrir y cerrar mis ojos. Empecé a frotarme los ojos con las manos. Lo primero que pensé fue que tal vez era un producto de la falta de descanso, ya que me costaba dormir. Sin embargo, el cáncer en combinación a la quimioterapia intensiva, estaban trabajando juntos para robarme la vista. En ese mismo momento, cuando mi vista comenzó a desvanecerse, yo no podía hacer nada para detenerlo, así que comencé a alterarme. Cuando finalmente me di cuenta de que todo se me fue en blanco hasta oscurecerse por completo, grité y lloré en desesperación. Sentía que aquello no era normal, que me robaron la vista y jamás me la devolverían.

Al decirle: "Mami, no te veo, se me fue la vista. ¡Busca ayuda!" Al instante, mi madre salió corriendo a buscar a la enfermera. Yo no podía ver nada, absolutamente nada. Estaba muy preocupado y tenía miedo de perder la capacidad de ver, pues no solo había dejado de caminar, sino que ahora, para colmo, estaba completamente ciego. Mi doctora le explica a mi madre que el cáncer iba progresando y que yo nunca recuperaría la vista. Esto sucedió un miércoles en la tarde. Más luego, descubrí que nunca deberíamos concentrarnos en las cosas que hemos perdido.

En cambio, siempre debemos regocijarnos en lo que nos queda. Dios no va a hacer un milagro con las cosas que has perdido. Él utilizará todo lo que reste para hacer maravillas. Y si por casualidad dices: "Es que no me queda nada", la Biblia nos enseña que, "Dios multiplica fuerzas donde no las hay" (Isaías 49:29). Esta escritura nos deja saber que, incluso si estás entre los que dicen que el enemigo te lo ha robado todo, a la hora en la que Dios este listo para realizar un milagro a tu favor, nada dependerá de tu sustancia.

Yo había perdido mi cabello, mi capacidad de caminar, mi peso y ahora mi vista, pero aún no había perdido la Fe. Si de algo estoy seguro es que el enemigo puede robarnos muchas cosas, pero no puede robarnos nuestra Fe. "Es, pues la Fe la certeza de lo que se espera, y la convicción de lo que no se ve" (Hebreos 11:1). Pues no es por vista que caminamos, sino por Fe. Es un hecho que mis piernas ya no eran capaces de caminar y mis ojos rehusaban ver, aún así, aunque ciego e invalido, mi Fe tuvo la fuerza para ayudarme a alcanzar mi milagro. Y¿Dónde estaba mi milagro? En la presencia de Dios. Por lo tanto, comencé a orar intensamente. El miércoles y jueves habían pasado y ya llegó el viernes. El sol estaba saliendo y comenzó el turno nuevo de las enfermeras de la mañana. Me di cuenta, porque aunque no podía ver el reloj, ni tampoco ver un amanecer, podía escuchar a las enfermeras saludándose en el pasillo: "Buenos días". Este intercambio me daba consciencia de la hora a las 6a.m. cuando el tiempo de los empleados de noche había terminado.

La Biblia dice: "El llorar viene en la noche, más en la mañana viene gozo" (Salmos 30:5), Esta escritura nos inspira a creer que la prueba nunca vendrá para quedarse contigo para siempre. Yo estaba cansado de llorar, y ahora me encontraba listo para arrebatar mi milagro. Creo de todo corazón, que la Biblia no es para ser conocida, es para vivirla. Ella está llena de inspiración y Fe para ayudarnos a salir de nuestra crisis. De todas las maravillas que Jesús realizó, el libro de Marcos relata uno de los milagros que más me fascina (Marcos 10:46). Se trata de un ciego que gritaba: "Hijo de David, ten misericordia de mi", pero la gente a su alrededor le mandaban a callarse. En la mayoría de los casos, cuánto más cerca te encuentres a tu milagro, más resistencia vas a hallar. Si te resta algo de pelea, no te rindas, pues estás más cerca que nunca de tu milagro. Los historiadores dicen que en los tiempos de antes, cuando alguien era ciego, no podía estar en el mismo camino con los sanos. En aquellos días, existía una creencia común que la ceguera era una maldición. Vivían bajo la idea errónea de que la persona o sus antepasados debían haber hecho algo malo para provocar un castigo de Dios a través de la ceguera.

Me identifico mucho con esto. Pues había llegado a mis oídos que muchos líderes de mi ciudad decían que algo malo tendría que haber hecho, para que Dios me diera un cáncer. Eso es lo que hace la religión; declara que todo lo malo que ocurre en la vida es un castigo consecuente. Sin embargo, esta actitud es contraria a lo que Jesús dijo en otra ocasión cuando estaba a punto de sanar otro enfermo: "Esto ha sido hecho para que Dios sea glorificado" (Juan 9:3). Cuando Bartimeo comenzó a gritar, la multitud de inmediato lo mandaron a callar. Él fue reprendido por sus gritos. La ley lo estipulaba claramente, si estuvieras ciego, tu lugar estaba junto al camino mendigando, y la única vez que se te debe escuchar gritando era cuando alguien te ofrendaba. Solo entonces podrías, a gran voz, gritar el nombre de la persona que te mostró caridad. Pero aquí vemos a un ciego gritando el nombre de Jesús, alguien que hasta ese momento no le había ofrecido dinero, ni mucho menos sanidad.

Aquí es donde descubrí el secreto de los milagros. Siempre que celebras a Jesús así como lo hizo Bartimeo, la gracia de Dios es manifestada sobre tu vida mucho antes de Su milagro. Por ende, en esta ocasión, la palabra celebrar se define en el hebreo como una fiesta que ocurre mucho antes de la victoria. Para ese tiempo, una celebración implicaba una fiesta gloriosa después de una gran victoria. La Fe te lleva a celebrar antes de que Él lo pueda hacer. Así que ahora yo estaba decidido a no solo creer, con determinación iba a celebrar a Jesús mucho antes de que me sanara. Hay momentos en que tenemos que gritar. No nos podemos quedar callados. Si Bartimeo se hubiera quedado callado, Jesús le hubiera pasado por el lado y nunca lo hubiera sanado, más al gritar, pudo captar la atención de Jesús.

Bartimeo era una de las historias que más había predicado en mi niñez. Aunque predicaba de un ciego que gritaba "Jesús", en realidad, yo no tenía la mínima idea de lo que era ser un ciego, más ahora sí lo sabía. Tan pronto como escuché a las enfermeras decir: "Buenos días" comencé a gritar: "Hijo de David, ten misericordia de mí". A toda una gran voz, entré en una adoración intensa. "Hijo de David, ten misericordia de mí. Hijo de David ten misericordia de mí". Cuando entró una enfermera para callarme, supe que estaba muy cerca de un milagro. "Señor Cuevas ¿se ha vuelto loco? ¡Cállese! Los pacientes están muy asustados". Justamente cuando ella me decía: "cállate", entró a la habitación la enfermera africana que oraba conmigo todas las mañanas. Aquella enfermera, llena del Espíritu Santo le dijo: "¡Cállate tú y sal del cuarto! ¡Déjalo que grite! Mientras él grita Dios le devuelve la vista". Se me acercó y me dijo: "Grita Rafael y no te detengas! ¡Grita que el cielo te escucha!" En ese momento di un grito más.

Con lágrimas en mis ojos sentí que algo sobrenatural había entrado en aquel cuarto de hospital. Comencé a notar que el paisaje negro se volvió blanco y lo blanco en colores borrosos. Luego, los colores borrosos comenzaron a aclararse hasta que por fin comencé a ver de nuevo. Mi doctora me visitó esa tarde, su saludo fue: "Dicen que estabas gritando como loco en esta mañana. ¿Ya te sientes mejor?" Le dije: "pantalón negro, blusa blanca, ojos verdes y cabello corto". Me respondió: "Estás describiendo cómo me veo hoy Rafael!" Confiadamente le contesté: "!Sí! Porque yo era ciego pero ahora veo".

La resistencia te está anunciando que tu milagro está a la vuelta de la esquina. Su trabajo es tratar de desanimarte justamente cuando estás a un paso de tu milagro. Nunca vas a adquirir una gran victoria, sin primero enfrentar oposición. Si de algo estoy seguro es que aunque nunca llegué al boxeo, mi vida ha sido una gran pelea. El mismo enemigo es quien envía la resistencia a tu vida, y si hay algo que le preocupa es pelear contra un oponente que no tiene nada que perder. En mi caso yo lo había perdido todo. Entre todo lo que ya había perdido, ¿qué más podía perder? Parecía como si no restara nada en mí, más yo estaba dispuesto a luchar por mi milagro con las pocas fuerzas que me quedaban. Comenzando por el milagro de mi vista. Y ya después de haber alcanzado recuperar la visión, iba tras el milagro de mi vida. Yo estaba determinado; ese cáncer tenía que irse, de una forma u otra. No le iba a permitir que me siguiera robando la vida.

Así que, si has perdido mucho en la vida y sientes como que estás al final de todo lo que puedas perder, ¡prepárate! Pues ha llegado tu temporada para ganar. Si estás enfrentando la resistencia en tu vida, no permitas que te robe el milagro, más bien, alégrate. La presión que sientes te dice: "Estoy aquí porque tu milagro está a la vuelta de la esquina". Eres el próximo en la lista de Dios para un milagro. Así que comienza a gritar y a celebrar pues la victoria tiene una boca grande. La derrota, por otro lado, no se puede escuchar porque su boca es demasiado pequeña.

Capítulo 19
No Te Dejes Morir

No podía permitirme perder más de lo que ya había perdido. Me sentía como que había tocado el fondo. Aún así, estaba a punto de usar la misma presión que experimenté en mi camino hacia abajo, para lograr ahora subir. Cada vez que te encuentras en tu punto más bajo, estás en un lugar donde es imposible descender más. Esa realidad me ayudó a comprender que había llegado mi tiempo para ascender.

Después de meses en el hospital, mi doctora me envió para mi casa para un descanso de dos semanas. El Pastor Glen Harvey, a quien amo como si fuera un padre, me contactó desde Vineland, NJ. Glen me llamaba a menudo por teléfono, pero aún no me había visitado desde que comencé mi batalla contra el cáncer. Al comienzo de mi lucha, él se había mudado desde Jersey City hacia Vineland. Dirigido por Dios, junto con su esposa, fueron a levantar una nueva obra a dos horas de Newark.

Antes de su partida, fui usado por Dios para hablarle sobre la Iglesia y del pueblo que Dios entregaría en sus manos. Incluso hasta los detalles de la casa y acres de terreno que Dios le entregaría en sus manos. Después de aquella profecía, yo me enfermé de cáncer y no llegué a ver la realización de aquella Palabra. En junio del 2008, Glen me llama y me dice que fue movido por Dios para no solo verme, sino para llevarme hasta dónde actualmente vivía y pastoreaba. Su deseo era que la congregación conociera al profeta que Dios había usado para predecir lo que ahora se conoce como Casa de Restauración, su iglesia. De inmediato mi respuesta fue: "Glen ya no camino y no quisiera que me veas así. Tampoco tengo cabello y me la paso vomitando. Me da mucha vergüenza que la gente vea a un profeta con cáncer". Su contestación: "Yo soy tu papá y tú eres mi hijo. Si te tengo que cargar en mis brazos así lo haré". Los que conocen a Glen saben que él es mucho más grande que yo, y yo no soy poca cosa, mido 6 pies con 2 pulgadas.

Así que, luego de convencerme, él condujo hasta Newark para recogerme en mi casa. Con tan solo cuatro días más de las vacaciones del hospital, ya que tenía que regresar lunes para los tratamientos de quimioterapia, comencé a sentir fuerzas cuando llegó Glen a buscarme. En su rostro, pude ver la tristeza de encontrarme tan delgado, sin cabello e incapaz de caminar. Sin embargo, me impartió tanta alegría. De inmediato, me monté en su auto y nos dirigimos hacia Vineland. Debido a mi enfermedad, hacía mucho tiempo desde la última vez que había entrado en una iglesia. Ese día, un jueves por la noche, entré por las puertas de una iglesia por la primera vez desde mi hospitalización. De inmediato comienzo a llorar, extrañaba estar en la casa de Dios. Comencé a percibir la vida como si fuera la primera vez. Sentí cuando aquella depresión causada por mi enfermedad dejó de operar en mí. Desde el momento en el que entré a aquella iglesia, comencé a sentir una paz que no había experimentado en mucho tiempo.

Amo la música, pues he sido músico desde mis seis años de edad. En particular, me encanta la percusión e incluso yo me convertí en trompetista. Desde la última banca, mientras observaba mucho la batería, Glen se sentó detrás de mí y me susurró al oído: "El domingo te toca predicar". Rápidamente le contesté que no: "Glen, llevo meses que no predico. Estoy demasiado débil para predicar. Además, yo no puedo caminar". Glen me contesta: "Pues qué bueno que se predica con la boca y no con los pies". Y luego me dice: ¿"Quieres tocar batería"? Mientras su esposa, la pastora Michel, oraba para comenzar el culto, Glen me cargaba para la batería. Y tal vez te preguntes: Y ¿"cómo va a tocar"? Bueno, en aquel momento, mi pierna derecha tomó fuerza en aquella batería. Mientras yo seguía al pianista, la pastora Michel comenzó a cantar con los ojos cerrados; por lo tanto, no sabía que Glen me había colocado en la batería. Cuando escuchó el sonido de los tambores, abrió sus ojos. Al verme, ella comenzó a llorar y todo aquel pueblo presente también lloraba. Mis lágrimas no solo corrían por mi rostro si no también sobre aquella batería. Fue la única ofrenda que pude ofrecerle a Dios.

Al instante cayó una presencia fuerte de Dios sobre todo aquel pueblo. Sentí que Dios se movía dentro de mí, restaurando una parte de mi cuerpo que la enfermedad me había robado. En 1 Samuel 16, la Biblia nos enseña acerca de David, un arpista, y cómo los demonios que atormentaban al rey Saúl lo soltaban cada vez que él tocaba el arpa (1 Samuel 16:1423). Hago mención de esta historia porque ese día, mientras adoraba a Dios con aquella batería, yo experimenté algo similar. Sentí que la enfermedad ya no tenía parte en mí.

A medida que pasaba el jueves, llegó rápidamente el domingo donde me tocaba predicar mi primer mensaje desde mi diagnóstico de cáncer. Les confieso que el púlpito es donde más me siento vivo. Mientras predico, he tenido momentos en los que me encuentro deseando que nunca terminen. El púlpito es donde tengo más energía. Es el lugar donde estoy colocado en el altar de Dios. Sí, dije altar. Algunos le llaman una tarima, más yo lo considero un altar, pues el altar es el lugar establecido por Dios para recibir las ofrendas del pueblo. También es donde la presencia de Dios descendía y los restauraba. Hoy en día, nosotros somos la ofrenda.

Cada vez que estoy en un altar, me siento indigno. Por esta razón, en el momento que tengo la oportunidad de pisar cualquier altar, justo cuando estoy por subir las escaleras, primero me tomo tres segundos para inclinar mi rostro y decirle a Dios: "Gracias por darme la vida para predicar tu Palabra. No soy digno de tal privilegio". Luego me sacudo los pies y prosigo. Hago esto en honor a todos los que llevaron el evangelio mucho antes que yo. Este habito lo aprendí viendo la lucha libre. La mayoría de los luchadores sacuden sus pies antes de entrar al cuadrilátero. Lo hacen en honor a todos los que lucharon antes que ellos. Tengo un gran respeto no solo por el altar, sino también por aquellos que llevaron el evangelio mucho antes que yo e incluso murieron por su mensaje. Hoy disfruto de mi libertad, gracias a Jesús y a aquellos pioneros.

Esa domingo por la mañana, el Espíritu Santo me dio una Palabra titulada: "No te dejes morir". Mi Fe era tan grande que llegué a pensar que en medio de mi prédica iba a salir corriendo. Que mis piernas se sanarían mientras predicaba. Me colocaron una silla alta detrás del púlpito, pues le pedí a Glen que no me dejara predicar en silla de ruedas porque yo no había nacido para sentarme en aquella silla de ruedas. Comencé a renunciar a aquella silla de ruedas. A declarar que no la iba a volver a necesitar. Nunca vas a ver un milagro si no comienzas a remover las cosas en tu vida que te mantienen enfermo.

Cuando Bartimeo gritó, Jesús escuchó su clamor, y le mandó a buscarle. De inmediato, todos aquellos que recientemente le gritaban: "Cállate", ahora le alentaban: "Ven, el maestro te llama". Bartimeo luego hace algo que me inspira. Incluso, antes de llegar a Jesús, él se quita su capa (Marcos 10:50). En aquellos días, la ley obligaba a todo ciego a usar una capa como anuncio público de su discapacidad. Entonces, al Bartimeo quitarse su capa, estaba declarando: "Después de hoy, nunca volveré a ser un ciego".

Es tiempo de que comiences a remover de tu vida todo lo que te mantiene ciego. Jesús estaba listo para sanar a Bartimeo porque ya él no tenía una capa. Vivir por Fe no quiere decir que debemos esperar hasta que Dios haga algo para entonces responderle. La Fe envuelve acción la cual provoca que Dios haga el milagro. No busques quitarte la capa después del milagro. Con tu Fe remueve todo lo que te define como incapaz antes de que ocurra el milagro. La Fe te hará despojarte de las medicinas recetadas por el médico. La Fe te motivará a remover tu bastón o tu silla de ruedas. Y al deshacerte de ellas, le dirás a Jesús, "estoy listo para mi milagro". Mientras soltaba mi silla de ruedas yo le declaraba a Dios: "Estoy dispuesto a ser sano. Sé que me vas a sanar. Estoy más que seguro que lo vas a hacer".

A la vez que predicaba, proclamaba que este cáncer no iba a ser mi final. Con cada palabra afirmaba que el hecho de que tuviera cáncer no me quitaba ser un profeta. Sobre todo, pude establecer que aunque yo tenía cáncer, el cáncer no me tenía a mí. Hay momentos en la vida que nos toca pelear a lo que Dios hace el milagro. David tuvo que huir de Saúl aun después de que Dios le había prometido el reino (1 Samuel 19). Si aquella mujer del flujo de sangre no hubiera estado dispuesta a arrastrarse, se hubiera muerto (Lucas 8:4348). No podemos dar lugar a la muerte en lo que Dios hace el milagro. Nos tenemos que mantener activos. Y si tenemos que arrastrarnos lo vamos a hacer, pero al final veremos un milagro. Tal vez, hoy mismo sientes como que estás por el suelo, más a ti te declaro que esta será la última vez que vas a arrastrarte. Las mismas personas que te vieron arrastrado, te verán correr.

Estaba calvo, sin cabello, no porque el cáncer estaba ganado, ¡sino porque yo estaba venciendo! No me voy a morir sin antes pelear una buena batalla con la muerte. Por último, declaré en aquel mensaje: "Los doctores dicen que tengo pocas esperanzas y que los tratamientos no me están ayudando. Por eso me han advertido que después de este día domingo comenzarán una semana más de quimioterapia. Al completar ese tratamiento, ellos realizarán la última serie de exámenes. Si encuentran que nada ha cambiado en estas próximas pruebas, me enviarán a casa para morir en paz. Pero hoy, como profeta de Dios, yo declaro que aunque en este momento, ustedes ven a un Nuni sin cabello y a un Nuni que no puede caminar, hoy deben tomar muchas fotos, porque cuando me vuelvan a ver no me van a reconocer. Esto no es mi último sermón. Dios no ha terminado conmigo".

Al leer esto, entiende que lo próximo que Dios hará en tu vida ocurrirá por tus hechos y los dichos de tu boca. Pues, en tu lengua, tienes el poder de la vida y de la muerte (Proverbios 18:21). Tú decides si vas a vivir o si vas a morir. Creo de todo corazón que estamos sujetos a las declaraciones de nuestra boca. Así que si te vas a anudar, átate, pero solamente a los dichos de vida.

Capítulo 20
Me Llamo Rafael

Luego de aquella predicación, llegué al hospital sintiéndome muy motivado por la próxima ronda de quimioterapia. Hasta ahora, no deseaba que me sacaran fotos durante mi proceso, pero comencé a animar a mi familia a tomarme fotos. Yo estaba seguro de que pronto saldría de esta enfermedad y quería que la gente viera las evidencias. Así que comenzaron a tomar fotos y videos de todo el proceso.

Ese lunes, cuando entré al hospital de nuevo, encontré muy interesantes las palabras de mi oncóloga. Me preguntó si alguien en mi familia alguna vez había muerto de cáncer. Aparentemente yo había adquirido ese cáncer de un pariente consanguíneo. Alguien me lo había pasado. En otras palabras, yo había heredado una maldición. La nueva información me preocupó, así que cuando ella me pregunta si alguien en mi familia había muerto de algún cáncer, inmediatamente le respondí con un no. Según tenía entendido, todos los miembros de mi familia que fallecieron sucumbieron a los mismos problemas: la diabetes, presión alta y el corazón. "Nadie ha muerto de cáncer" fue mi respuesta final.

Desconcertado por la pregunta, hablé con mi madre esa misma tarde. Le comenté lo que mi oncóloga me dijo. Su rostro cambió. Mi madre guardó silencio por varios minutos. Luego procedió a decir: "Mi papá, Don Felix Padilla, murió en el 1975 de un tumor canceroso que se desarrolló en su cerebro cuando yo tenía 13 años de edad". Yo estaba completamente inconsciente de que mi abuelo había muerto de cáncer. Sabiendo esto, ahora me atrevo a decir que Dios me eligió para romper una maldición generacional a través de mí. Ese lunes por la noche, entré en un tiempo intenso de oración profunda con el Señor y, por primera vez en tantos meses, escuché la voz de Dios una vez más.

Sentado en mi cama, mientras recibía quimioterapia, escuché la voz de Dios la cual me preguntó:¿"Cómo te llamas"? Le contesté: "Señor, yo me llamo Nuni!" Y Él me dijo: "Tú no te llamas Nuni. ¿Cómo tú te llamas?" Con lágrimas le dije: "Señor, todo el mundo me dice Nuni, pero mi acta de nacimiento dice Rafael". Sus siguientes palabras me estremecieron cuando me dijo: "Ahora te puedo sanar".

– ¿"Que me vas a sanar ahora? ¿En este mismo momento"?

– "Sí, porque has crecido".

– "Señor, no entiendo por qué me dices que ahora

después de tanto tiempo me vas a sanar. Después que se me cayó el cabello, después que me visitó la muerte, después de enflaquecer. Y más que todo eso, ¿por qué dices que quieres curarme después de que he perdido la capacidad de caminar. ¿Porqué ahora?"

– "Porque haz crecido."

Rafael significa 2 cosas:

Jehovah sanará

Jehovah ha sanado

Cargaba mi milagro en mi nombre, pero no lo sabía. Bajo el orgullo de ser padre, mi papá me dio su nombre al decir: "¡Ponle Rafael, así como su papá!". En ese entonces, él no entendía que estaba profetizando mi milagro. Dios es el Alpha y el Omega. El principio y final. Para mí, esto significa que Él está en tu pasado, tu presente y en tu futuro; en los tres marcos de tiempo simultáneamente. La ciencia y hasta tu propio reloj comprueban esta verdad. Permítame explicarle; supongamos que son las 10:00 p.m. aquí en el estado de la Florida, donde me encuentro en este momento. A esa misma hora, aproximadamente 350 millas al oeste, en California, son las 7:00 p.m. Ahora crucemos el Mar Mediterráneo hasta Asia Occidental; en Israel, son las 5:00 a.m. Como ya he vivido las 7:00 p.m. de ese día, esto significa que California está viviendo mi pasado. Israel está existiendo en mi mañana porque su zona horaria está por delante de la nuestra. Así que ellos disfrutan ver el sol de mi futuro mucho antes que yo. Mientras yo miro la luna, Dios está en California, en Florida y en Israel, las tres zonas horarias a la misma vez. Y desde Israel, Su tierra, Él nos mira y nos dice: "No llores por tu crisis actual, porque desde donde estoy parado no veo enfermedad; solo veo una gran fiesta".

De esa manera es que Dios opera en la profecía; pues las profecías son la revelación de eventos futuros desde Dios hacía los hombres. Es lo que Dios ha vivido, pero nosotros aún no lo hemos vivido.

"Un día es como mil años para el Señor,
y mil años como un día"
(2 Pedro 3:8, NTV)

Dios puede transcurrir los tiempos. Él es capaz de transportarse mil años adelante y mil años atrás. Esta habilidad le permite conocer toda la verdad y hablar con certeza. Pues el que miente habla de cosas que nunca han ocurrido, más el que habla la verdad puede hacerlo así como Dios, con confianza, puesto que ya lo ha vivido. Entonces, cuando me declaró: "Ahora te sano", significaba que mientras Dios visitaba el Nuni del 2008, también estaba parado conmigo en el 2019 mientras escribía este libro.

Digo todo esto porque, después de escuchar a Dios decir: "Ahora te sano", levanté mis manos e hice una petición. "Señor, si me vas a sanar visita a mi abuelo Felix Padilla en el 1975 y quítale el cáncer que tiene para que no me encuentre hoy padeciendo en el 2008. Así, mis hijos tampoco tendrán que luchar en el día de mañana con esta enfermedad mortal". Luego de esa semana de quimioterapia, salí de aquel hospital con fuerzas como nunca las había tenido. Incluso se me abrió el apetito y comencé a comer sin vomitar. Empecé a pedirle a mi mamá todo tipo de platos ricos y exquisitos que solo ella me sabía hacer. Sobre todo, no hay nadie que cocine cómo mi mamá. Durante esos días, me antojé de una barbacoa. Le dije a mi mamá: "Mami vamos a hacer una barbacoa de las que solamente tú sabes hacer porque Dios me dijo que ya estoy sano".

Así que mi mamá salió corriendo y compró todos los ingredientes para la barbacoa: carnes, perros calientes y hamburguesas. Me senté a la mesa de mi casa, listo para disfrutar aquella comida que tanto ansiaba, cuando de repente sonó el timbre de mi casa. Mi casa constaba de varios niveles. La sala estaba en el primer piso, la cocina en el segundo y los dormitorios en el otro piso. Mi madre bajó hacia la sala para ver quién tocaba el timbre. Mientras ella atendía a la persona en la puerta, yo estaba sentado en la mesa de mi cocina, disfrutando de los platos que hacía tiempo que no me comía debido al cáncer. Desde allí pude escuchar la desesperación en la voz de la persona, pero no podía entender lo que le estaban diciendo a mi madre. Solo escuché la reacción de mi madre cuando dijo en voz alta: "Nuni está arriba en la cocina, sube para que lo veas". A mi sorpresa era un joven de la iglesia a la que fuimos cuando yo era niño. Había pasado mucho tiempo desde la última vez que vi a este joven. Aquel chico subió las escaleras con tanto desespero, pues le habían dicho que Nuni estaba en sus últimos días, a punto de morir. Más cuando este finalmente se encuentra conmigo, yo estaba comiéndome precisamente cuatro pinchos, dos hamburguesas y dos perros calientes (hot dogs). ¡Porque lo que no te mata, te engorda! Turbado me miró y pude notar su rostro lleno de asombro mientras me decía: "Nuni, estás comiendo y te ves bien". Le dije: "sí, porque el cáncer no me está comiendo a mí, yo me lo estoy comiendo a él".

Esa noche tuve una experiencia poderosa. Como lo dictaba mi nueva normalidad, mi madre me ayudó a acostarme en mi cama. Luego de orar, me quedé dormido. Salí soñando que estaba predicando ante una multitud masiva, y me vi caminando por todo lugar de aquel altar. Era un sitio muy grande lleno de miles de personas. Me vi corriendo y diciendo: "¡No me muero na, no me muero na!" Desperté al darme un gran golpe contra el suelo. Excepto que no me encontraba en el piso de mi cuarto, sino en el medio de mi pasillo, más de 20 pies de mi cama. ¡Solo! En plena confusión, yo no entendía lo que me había pasado. Cuando abrí mis ojos, vi como mi madre y mi hermana Fanny salían gritando y corriendo de sus habitaciones para preguntar qué me había pasado. Cuando miré hacia mi cama, noté que la puerta de mi dormitorio, la misma que mi madre había cerrado antes de quedarme dormido, ahora estaba abierta.

De inmediato, mi hermana Fanny me pregunta:¿"Dónde están tus muletas"? Bueno, a esas alturas, ya mi pierna derecha me estaba funcionando, así que con una sola pierna y muletas, me movía sin la ayuda de una silla de ruedas. En cambio, la pierna izquierda, donde el cáncer se había detenido, parecía como si estuviera muerta. Le respondí: "No tengo las muletas". Ella reaccionó:¿"Pues cómo llegaste hasta aquí sin ellas"? "No sé. Solo recuerdo haber estado predicando y corriendo cuando llegó el 'BOOM', el golpe. Abrí mis ojos y estaba aquí en medio del pasillo". Fanny me dice: "Entonces caminaste". Por favor, tenga en cuenta que era prácticamente imposible llegar hasta allí, en mi condición, sin la ayuda de alguien o muletas. Piénsalo, para alcanzar este punto, Nuni tuvo que levantarse de su cama, caminar 10 pasos hasta la puerta, abrir la puerta y luego dar otros 10 pasos más.

Mi madre me instó: "Vamos, nosotras te llevamos de regreso a tu cama". Lleno de determinación, declaré: "¡NO! Caminé en mi sueño, y si pude caminar en mi sueño, caminaré de nuevo en mi realidad. Después de todo, si lo soñé, lo viví". Entonces mi madre me preguntó: "Nene, entonces, ¿qué vas a hacer?" Mi pedido la tomo por sorpresa: "Mami, arrastrarme hasta que Dios me sane". Ella dijo:¿"Qué"? Continué diciendo: "Cada vez que alguien me pregunte; Nuni, ¿cómo te sanaste?, yo les responderé: ARRASTRÁNDOME". Una semana después de ese episodio, una vez más, regresé al hospital para ser admitido solo que esta vez fue para más exámenes rutinarios.

Para mi sorpresa y la de mi doctora había aumentado 20 libras. Asombrada me preguntó:¿"Cómo has logrado tanto aumento en tan solo dos semanas"? Le dije: "Porque el cáncer no me está comiendo a mí. Yo me lo estoy comiendo a él". Luego de días llenos de muchos exámenes intensos, me hicieron una biopsia más. Tuvimos que esperar unos días más hasta que mi doctora finalmente me visitó para compartir los resultados.

En su visita, noté que venía acompañada de muchos jóvenes que la seguían. Todos se mantenían callados y con cara de asombro tomaban notas de cada detalle de aquella oncóloga. Cada uno de ellos era estudiante de medicina. Ya para este momento, mi doctora y yo habíamos desarrollado una buena relación. A la medida en la que le decía a mi madre que se sentía como si yo fuera su hijo. Al entrar en mi habitación, se acercó para darme un beso en la frente. Noté que tenía sus ojos llorosos y eso me preocupó hasta el punto que llegué a decirle a Dios: ¿"Y ahora qué"? Más ella me miró y dijo a toda gran voz:¡"SE FUE EL CÁNCER"! ¿Se acuerdan cuando les dije en el capítulo 15 que algunas personas nunca tendrían la oportunidad o se tomarían el tiempo para leer la Biblia pero al observarte a ti será como si la estuvieran leyendo?

El evangelista, el predicador, el de la mucha Fe le dice: "¿CÓMO?" Su rostro brillaba de alegría cuando me dijo: "Estos estudiantes llevan toda la mañana haciéndome la misma pregunta que tú, Rafael. ¿Cómo es que un joven con cáncer tipo 4 en los huesos, de la noche a la mañana se sana y no podemos encontrar ni una sola célula cancerosa en él?" Ahora les contestaré a ellos y a ti también. Levantando mis manos a los cielos, puedo decir con confianza y a gran voz: ¡"POR SUS LLAGAS HEMOS SIDO SANADOS"!

Capítulo 21
Dios Se Las Quitó a la Serpiente
y Me Las Dio a Mí

En los días siguientes, tras el anuncio de mi doctora declarando que yo estaba sano de cáncer, me tuve que someter a muchos más exámenes. En verdad el equipo médico trabajo fuertemente para averiguar qué hacer con mi pierna izquierda, ya que este fue un milagro inesperado. Aunque mi pierna estaba libre de células cancerosas, seguía paralizada. La masa del tumor todavía ocupaba el espacio anteriormente conocido como mi rodilla. Al marcharse el cáncer, la rodilla, el fémur y la tibia juntos desaparecieron con él. Los únicos movimiento que me quedaron fueron en el tobillo y el pie. Los médicos no se explicaban cómo es que sin fémur, rodilla, ni tibia, aún así, el tobillo, el pie y los huesos del pie no fueron afectados. El movimiento en mi pie los desconcertaron, junto a cómo nunca perdí la capacidad de sentirlos cuando ellos me tocaban el pie.

Ahora, llegó un nuevo equipo de oncólogos y ortopedistas para trabajar mi caso. Todos entraban asombrados por el milagro que había ocurrido. Colectivamente, comenzaron a trabajar para salvar mi pierna y encontrar alguna forma en la que pudiera caminar de nuevo. Acordaron enviarme a fabricar una prótesis de metal hecha a la medida de mi pierna izquierda, que incluía un nuevo fémur, una nueva rodilla y una nueva tibia. Sin embargo, todavía no había garantía de volver a caminar. Después del plan establecido, fui sometido a la operación.

Según los cirujanos, la operación fue un éxito total, por lo tanto me enviaron a casa con órdenes estrictas de permanecer postrado en mi cama. Estando en esa situación, recibí una llamada de Camden, NJ. Fue una invitación para ser el predicador en un evento de jóvenes. Por supuesto, comencé a decirles que no, ya que según las ordenes de los médicos, estaba muy claro que fui confinado a mi cama. Pero luego escuché la voz de Dios que me dijo: "Ve y predica. Predica que Yo voy a completar el milagro".

¿Pueden imaginarse el rostro de mi madre y la reacción de mi familia cuando les dije que acepté la invitación a predicar? Para ellos, no solo fue una preocupación salir de mi cama para predicar, sino que la distancia al evento era demasiado lejos. Aun así, hicimos los mejores arreglos posibles para llegar allí. Figúrate la gran entrada de un predicador que llega con sus muletas a un evento. Para ayudarte a pintar un mejor retrato en tu mente, déjame decirte que aunque dejé de usar esa silla de ruedas, mi familia insistía en traerla por si surgiera la necesidad. Sin embargo, yo había decidido y declarado que nunca volvería a usar una silla de ruedas; No nací para estar sentado en ella. Es importante recordar que no podemos adaptarnos a cada crisis que se nos presente, convirtiéndola en nuestro hogar. Empiece a declarar que sus problemas no son permanentes. No hagas de una casa, lo que está intencionado a ser un hotel.

Ese lugar estaba repleto de gente. Con la ayuda de los ujieres, subí a aquel altar donde tenían una silla alta para que pudiera predicar desde ella. A partir del momento en que me diagnosticaron el cáncer en diciembre del 2007, todavía no había caminado hasta ahora, septiembre del 2008. Comencé a predicar en mi primer evento después de que fui sano. Pero mientras predicaba noté que la unción que sentía sobre mí era muy distinta a la que ya estaba acostumbrada. Esta unción era demasiado fuerte y muy especial. Aquella noche predique un mensaje sobre el tema:"Él Tiene La Llave". Antes de establecer mi punto principal, necesitaba presentar a cuál llave me refería. Para lograr esto tuve que empezar en Génesis capítulo 3, donde la muerte halló entrada a este mundo a través de un hombre.

La muerte logró persuadir al hombre, pero no lo hizo a solas, sino con la ayuda de la serpiente. Cuando Satanás tomó el control de la serpiente, logró convencer a Eva que comiera del árbol que Dios mismo les había prohibido consumir (Génesis 3:4). Entonces Eva dio un paso más y compartió el fruto con Adán. Después de haber comido, Dios entró al huerto para hacer justicia. Dado que existe una gran división entre Dios y el pecado, el hombre ya no podía caminar junto a Dios. Esto equivale a que un hombre pierda sus piernas espirituales y su capacidad de caminar nuevamente con Dios. Sin embargo, dentro de Su juicio, Dios restaura al hombre cuando le dice:

"Y el Señor Dios dijo a la serpiente: por cuanto has hecho esto, maldita serás más que todos los animales, y más que todas las bestias del campo; sobre tu vientre andarás, y polvo comerás todos los días de tu vida".
(Génesis 3:14, LBLA)

Esta escritura indica que la serpiente tenía piernas en el pasado; con ellas solía caminar. Dado que el enemigo robó al hombre su capacidad de andar junto a Dios en el huerto, Dios le arrebató sus piernas para así algún día poder restaurarlas al hombre a través de Jesús. En el nuevo juicio está establecido que ahora la serpiente se arrastraría y caminaría usando su vientre. Al declarar en mi mensaje esta revelación, una unción grande y poderosa cayó sobre todo aquel pueblo presente.

Comencé a notar algo extraño en la forma en que la gente lloraba. Mi familia también lloraba y adoraba a Dios, de manera sobrenatural. No me había dado cuenta que llevaba más de 10 minutos caminando sobre todo aquel altar sin la ayuda de las muletas. Esta vez no lo estaba soñando; lo había dejado de soñar para comenzar a vivirlo. Mis lágrimas corrían por mi rostro mientras le rendía gracias a Dios. En adoración le brindaba a Dios toda gloria y honor por completar el milagro. Poniendo mi mirada sobre todo aquel pueblo les decía: "¡Dios se las quitó al diablo y me las dio a mí! Mientras yo camino él se arrastra". En ese fin de semana se manifestaron muchos milagros. La palabra se difundió rápidamente; Dios había sanado a Nuni. En poco tiempo lo que antes era un calendario vacío, ahora era un calendario sin espacio.

Regresé a mi hogar frente al hospital. Cuando todos mis vecinos me vieron caminando cerca de la casa, corrieron para abrazarme. Lloraron conmigo mientras yo les decía: "Jesús lo hizo". Después de eso, muchos de ellos comenzaron a aceptar a Jesús porque aunque nunca habían leído la Biblia, fueron testigos en mi vida de la evidencia de un Dios que puede levantar a los hombres de las sillas de ruedas. Esa misma semana, crucé la calle de mi casa hacia el hospital para visitar a mi oncóloga. Entré a su oficina y al tocar la puerta ella me dijo:¿"Cómo le puedo ayudar"? ¿Te lo perdiste? ¡Ella no me reconoció! Al igual que el mundo tampoco te reconocerá después de este libro. Lo que Dios hará contigo será sobrenatural.

Ya mi cabello me había crecido. Mi doctora me dijo: "La última vez que te vi, estabas calvo y no podías caminar. ¿Cómo es que caminas?" Le dije: "Porque Dios se las quitó a la serpiente y me las dio a mí". Con lágrimas, me abrazaba y me besaba. Me tomó de la mano y me pidió que la acompañara. La seguí hasta llegar al mismo piso de intensivo donde meses anteriores me encontraba sin esperanza. Entramos a una habitación donde unos jóvenes tristes estaban parados al lado de una mujer entubada. La doctora les dijo: "Este joven que ustedes ven aquí, estaba en este mismo lugar. Su cáncer era terminal. Yo misma le dije que moriría. Pero él me dijo que por las llagas de Jesús él iba a ser sanado. Hoy él está lleno de salud y no hay nada más que yo pueda hacer por su madre. Entonces, él va a orar por ella para que el mismo que lo sanó a él, la sane a ella".

Así que me incliné hacía aquella mujer entubada y le hablé en su oído. La toqué y luego me fui. Semanas después, mi doctora me llamó y quiso que regresara a su oficina. Una vez más, me pidió que la siguiera, pero en este instante me alejó del piso de intensivo. En cambio, me llevó a su clínica. Al entrar, vi a una señora que caminaba buscando un trago de la fuente de agua. Mi doctora me preguntó:¿"La conoce"? Respondí: "No". "Es la señora de la unidad de cuidados intensivos. El mismo día que oraste por ella, abrió sus ojos. Luego de removerle el tubo de la boca, sus primeras palabras fueron: ¿"Quién es Rafael"?. Desde entonces, le hemos hecho muchos análisis y todos dicen que no hay cáncer". La oración que hiciste la sanó. Yo le contesté: "Pues no oré por ella. Solo me bajé al oído y le dije: 'Rafael está aquí'".

Turbada, mi oncóloga no lograba entender lo que le estaba diciendo. Entonces, seguí explicando: "Para ti, Rafael, no implica mucho, pero para el cáncer sí. Rafael significa Jehová sanará y Jehová ha sanado. Entonces mi nombre le recuerda al cáncer que donde yo estoy, está Jesús, y dónde está Jesús, hay vida. Y donde hay vida, el cáncer no puede estar. El cáncer y yo no podemos coexistir en el mismo cuarto juntos. O se va él o me voy yo".

Cuando pude conocer aquella mujer que fue sanada, se convirtió en un encuentro que marcó mi vida. Con lágrimas, preguntó: ¿"Eres tú"? Me dijo que mientras estaba entubada, ella observaba un campo verde y hermoso. Mientras me acercaba, ella, se dio de cuenta que yo no andaba solo. Un hombre vestido de blanco caminaba a mi lado. Me cuenta que cuando finalmente la alcancé, dije las palabras: "Rafael está aquí", y luego despertó.

Levanté mis manos hacia los cielos y le di a Dios la Gloria y la honra mientras declaraba: "El cáncer se va a arrepentir de haberse metido conmigo".

Capítulo 22
Yo Cojeo Para Que Tú Camines

Al salir del cáncer, mi vida cambió por completo. Las diferencias en la forma en la que ves al mundo después de haber pasado por la muerte son impresionantes. Sueles apreciar incluso las cosas más pequeñas, así como el sol, la luna y las estrellas. Me sentí como si hubiera nacido de nuevo y estuviera mirando el mundo por primera vez. Una tarde, luego de recibir el reporte de mi buena salud, cayó un gran aguacero. Al ver la lluvia desde mi ventana, salí corriendo hacia afuera para mojarme. Mi madre no paraba de gritar: "Te va a dar una pulmonía". Le contesté: "Si el cáncer no me mató, una pulmonía tampoco me podrá matar". Reía con gran alegría y gozo mientras danzaba bajo aquella hermosa lluvia. Antes, cada llovizna, me molestaba. Ahora, me sorprendía de cuán emocionado estaba al ver la lluvia caer.

Salí del cáncer, pero ahora cargaba dos cicatrices: marcas que me afectaron, las cuales tengo que llevar en mi cuerpo toda la vida. Una de ellas está literalmente en mi pierna izquierda. Estas cicatrices son los restos de todas las operaciones que se llevaron a cabo. Cuando vi mis marcas por primera vez, me entristecí, comencé a llorar mientras le comunicaba a mi doctora "Tengo estas marcas en mi cuerpo; son demasiado de grandes". Sentía vergüenza. Nunca se me ocurrió que llegarían a convertirse en parte de mí. A menudo pensaba en el milagro, pero nunca en las cicatrices que dejaría atrás. Al verlas, parecía como si se me estuviera escapando el suspiro. Aquellas impresiones en mi cuerpo jamás me permitirían olvidar la tortura de ese cáncer. Pero al pasar el tiempo, el Señor me enseñó que las cicatrices son buenas. Son un recordatorio constante de dónde Dios te sacó. Nos muestran que todo lo que ocurrió, aunque fue intencionado para mal, resultó en nuestro bien. También cuentan y dan testimonio de un dolor que en algún momento fue real pero ya no existe.

¿Recuerdas cuándo les hablé en el capítulo 15, sobre las llagas de Jesús? Pudimos establecer que Jesús es el Hijo de Dios y el Mesías por medio de Su resurrección. Sin embargo, era necesario resucitar acompañado de sus heridas. Cuando Jesús resucitó al tercer día, lo hizo con cicatrices en Sus manos y Su costado. Por lo tanto, esas cicatrices fueron significativas, pues comprobaban que Él era el que había sido crucificado.

Tanto es así que Tomás, un discípulo de Cristo, dijo al escuchar la noticia que Jesús había resucitado de entre los muertos: "Hasta que no ponga mi dedo en sus heridas, no creeré". Al Jesús regresar a sus discípulos le dice a Tomás: "Pon tu dedo ahora en mis manos; y acerca tu mano, y métela en mi costado; y no seas más incrédulo, sino creyente" (Juan 20:27, RVR1960). Las cicatrices que me quedaron son evidencia de que luché contra el cáncer en mis huesos y gané; ¡Fui sano! Al principio ellas me infundían tristeza, pero luego me di de cuenta que existían para algo aún más notable que recordarme lo que hizo Dios por mí. Fue para que el incrédulo, por fin pueda creer. Anunciar al mundo: "Dios me sanó de cáncer", no tiene el mismo impacto que cuando me enrollo mi pantalón y les muestro mis heridas, diciendo: "Jesús me sanó de cáncer. Comiencen a creer". Mis cicatrices ya no me entristecen, ni tampoco me causan vergüenza; ellas me infunden poder. A veces, incluso salgo en público con pantalones cortos. Siempre hay alguien que me pregunta:¿"Qué te paso en la pierna"? Y esa se convierte en mi puerta abierta, el momento en el que comparto el Evangelio. Por lo tanto, esto no es nada de qué avergonzarse, esto es poder.

La segunda marca que llevo es mi cojera. Me escapé del cáncer, pero con una cojera. Sin embargo, también me da poder. Hay días en los que cojeo mucho más que otros. En esos momentos mi condición es más notable; pero en todo tiempo, cojeo. Siempre hay quienes me detienen en mi camino para preguntarme ¿"Qué te pasó en la pierna"? Entonces aprovecho el momento y les predico sobre cómo esto no es vergüenza; a lo contrario, es poder. Recuerdo algún tiempo atrás cuando fui a México a predicar. Delante de más de 4,000 personas escuché a Dios decirme: "Voy a hacer milagros". Esa noche la primera en recibir un milagro fue una mujer en silla de ruedas. Esta mujer llegó a la campaña en medio de una lucha con cáncer. Acontecía que estaba al punto que no podía levantarse, ni dar por lo menos ni un solo paso. Por más de un año, aquella mujer no caminaba y fue despachada a su casa para morir.

Su enfermera la invitó a la cruzada diciéndole que el predicador venía desde los Estados Unidos y había sido curado de cáncer. Sin embargo, la mujer insistía en que los milagros no existen. Ella estaba convencida de que los predicadores a menudo le pagaban a la gente para que fingieran estar enfermos y luego actuaran como si los hubieran sanados. Aquella misma señora que había expresado tales palabras, esa noche fue la primera en ser sanada. Dios la tocó y ella se levantó frente a más de 4,000 personas. Por primera vez, después de más de un año, caminó. Recuerdo escuchar el grito de todo ese pueblo cuando la vieron en pie. Esta mujer no era una extranjera.

Cualquiera de los residentes de ese pueblo podrían dar testimonio que era una inválida certificada. Por cuanto ella era muy conocida en su comunidad, ahora todos afirmaban que había ocurrido un milagro.

Cuando los incrédulos la vieron caminar rindieron sus vidas a Cristo, junto a sus familias, incluyendo a todos los parientes que andaban con esta mujer; pues los incrédulos creerán a través de los milagros. De repente, escuché a una mujer preguntando al obispo encargado de aquella cruzada, ¿"Cómo es que un predicador cojo ora por enfermos y ellos se sanan y aún así él sigue cojo"? Antes de que el obispo pudiera responder a esta interrogación, me adelanté y le dije: "Señora, yo cojeo para que tú camines". Hay ciertas glorias que uno alcanza en la vida, pero cuestan un gran precio. Claro que no estoy insinuando que necesitas pasar por un cáncer para calificar para el uso de Dios en levantar a los paralíticos. Lo que sí estoy diciendo es que hay retos en la vida que desatan en ti unciones especiales. Bendiciones y favores que son creados para ti y vienen desde Dios. Dios no permitió que David peleara en contra de un gigante para que siguiera siendo un pastor de ovejas (1 Samuel 17). La batalla que estás atravesando hoy, tiene un premio.

La Biblia nos enseña que Jacob luchó con el ángel de Jehová (Génesis 32:2230). En su lucha, Jacob rehusaba soltar aquel ángel y le decía: "Si no me bendices, no te vas". Jacob insistía en recibir su bendición aquella misma noche. Y así fue, su bendición se le fue dada, pero le costó cojear el resto de su vida. Con el fin de que Jacob se rindiera y lo soltara, el ángel le tocó el encaje de su muslo y le descoyuntó su fémur. Pero aún con todo aquel dolor que sentía, Jacob no lo dejó ir antes que esté recompensara su esfuerzo contestándole su petición. La Palabra nos enseña que aunque Jacob cojeó el resto de su vida, lo hizo con una bendición que cambió su nombre a Israel e hizo de él, incluso hasta el día de hoy, una gran nación. Jacob cojeó por el resto de su vida para que Israel caminara sin cojear por 40 años en el desierto. Creo que hoy estoy cojo porque no me rendí, aún cuando sentía aquel inmenso dolor. Sin embargo, que me aferré más a Dios y por eso salí con una cojera. Mi cojera le dice al mundo "Luché con Dios y los hombres y he vencido".

Digo todo esto porque he declarado que yo estoy cojeando para que mis hijos no tengan que hacerlo, porque mi cojera no forma ninguna parte de mi ADN. No nací cojo. Tampoco nací con cáncer. Por lo tanto, el cáncer tampoco está en mi ADN. Y como no está allí, mis hijos caminarán, mis nietos caminarán y mis tataranietos también caminarán sobre la base de que alguien se atrevió a luchar junto a Dios y los hombres para que toda maldición fuese rota y nunca tengan que cojear. Si Jesús te sana hoy, se sana todo lo que está conectado a tu línea de sangre. Cuando se sana la sangre, se sana tu ADN. Así que, por favor, no te avergüences de tus cicatrices; hablarán más fuerte que las palabras que salen de tu boca. Le dirán al mundo que el diablo trató de matarte pero fracasó. El gigante que en una vez te amenazaba ha caído y jamás se podrá levantar.

Capítulo 23
Te Lo Van a Devolver

La incredulidad de los médicos era tan grande que sugirieron que el cáncer regresaría en cualquier momento. Afirmaron que a pesar de que no había enfermedad, no querían correr el riesgo de quitarme el pórtico que cargaba en mi pecho, donde ellos fácilmente me conectaban a la quimioterapia. Me decían que volvería en cualquier momento. Y sí, me sentía como que aquel pórtico estaba maquinando con esa proclamación médica. Mientras predicaba y viajaba, ese mismo pórtico me susurraba al oído: "En cualquier momento vuelve el cáncer". Una tarde me encontraba en mi cuarto empacando mis maletas para una gira a Los Angeles, California. En la televisión tenía puesto TBN, un canal televisivo cristiano, clasificado mundialmente como número uno.

Pastor Benny Hinn estaba predicando un sermón sobre las riquezas y las finanzas. Mientras hablaba en vivo por la televisión, yo empacaba mis maletas y le prestaba atención. De inmediato escuché aquella voz que me dijo: "En cualquier momento el cáncer regresa". Luego miré la televisión y dije en voz alta: "Si en verdad eres un profeta de

Dios, profetízame ahora. Y no me hables de dinero". Inmediatamente, vi cuando el Pastor Benny Hinn dejó de hablar y cerrando sus ojos dijo así: "El Señor me está hablando…" Señaló a la televisión y continuó diciendo: "Tú que me estás mirando por la televisión, Dios me dice que te diga que el cáncer que tú tenías jamás regresará". Al instante comencé a llorar. Caí al suelo y adoré a Dios. Levanté mis manos al cielo y dije: "Gracias Señor porque no solo me sanaste, sino que jamás regresará".

Lamentablemente, no todos los que trabajaban como parte de mi equipo de salud tenían la Fe de mi oncóloga. Tal vez te hayas preguntado: ¿"Cómo se llama esta doctora"? o ¿"Dónde estará hoy"? En el 2011, realicé el primer evento de Jesús Te Sana, en mi ciudad de Newark, NJ. Durante esa misma semana visitamos el mismo hospital de donde fui desahuciado. Un grupo de reporteros de una revista llegó para entrevistar a mi oncóloga. Ella los recibió a todos con mucha alegría pero les pidió que no documentaran su entrevista. Cuando le preguntaron el por qué no quería grabar la entrevista, ella les dijo: "Porque voy a confesarles que él se estaba muriendo y no había esperanza para él. Rafael me dijo: 'Que por sus llagas hemos sido sanados' y yo le creí: Jesús lo sanó". Ellos comenzaron a decirle qué mal había hecho en confesar tal cosa. Entonces, ella les dijo:

"No solamente Rafael se sanó sino que Jesús también sano todos los que estaban en el mismo piso también".

Uno tras otro, Rafael desató un fenómeno en la unidad de cuidados intensivos que yo administro. Lo que él carga se desata no solo en su cuarto, sino también por todo el piso. El problema principal es que si ustedes imprimen esta verdad en su revista o en la prensa, los enfermos dejarán de venir al hospital y se encaminarán hacia las cruzadas". Yo creo de todo corazón que un gran avivamiento vendrá a los Estados Unidos. Y desde América llegará al mundo. Del tipo donde las ambulancias van a comenzar a llevar a los enfermos a las iglesias y los médicos conducirán a los enfermos a las cruzadas, porque los incrédulos creen a través de los milagros. Creo que se aproxima un despertar muy poderoso.

En febrero del 2014, mi oncóloga me quitó el pórtico. Sus palabras fueron: "Si no ha regresado hasta ahora, nunca volverá". Salí de aquel hospital después del procedimiento tan gratificante, sintiéndome así como cuando un estudiante se gradúa de la universidad. Por fin, ya no tendría que sentir la incomodidad de aquel pórtico en mi pecho. Varios días después me volví a subir en un avión para lo que llamamos la gira "Jesús Te Sana". Esta gira es una campaña evangelística, en la cual, celebro el milagro de la liberación del cáncer a través del mensaje de la Cruz. En estas cruzadas, observamos la poderosa manifestación de Dios a través de los milagros y vemos cómo muchas almas vienen a los pies de Jesús. La cruzada comenzó en Florida, luego pasó por Colorado, California y México.

A fines de marzo llegué a Denver, Colorado. Estaba predicando un mensaje titulado: ¿"Para qué lo quieres"? Hay quienes desean a Jesús porque quieren ser famosos. Algunos quieren ser ricos. Otros quieren ser sanados. Más, yo lo quiero porque lo amo. Después de todo, no puedo imaginar mi vida sin Él. Yo lo quiero para poder ayudar a otros a experimentar el tipo de relación que he disfrutado junto a Él. A lo largo de mi vida, mi objetivo nunca fue el ser famoso. En cambio, mi meta es que todos conozcan al mismo Jesús que tengo el placer de conocer. Mientras concluía el mensaje ¿"Para qué lo quieres"?, el pueblo ya estaba de pie. En la predicación del Evangelio, el cierre es mi parte favorita . Es ahí donde suelto todos los mejores golpes que me quedan. Para la mayoría de las personas, esto será lo que más recuerdan después de que todo haya terminado. Durante la conclusión, tienes que lanzar el golpe más significativo que puedas dar, porque es entonces cuando vas a provocar la demostración de todo lo que has dicho. Y justamente mientras señalaba este punto crucial, ya saben, el mejor momento del mensaje, en ese momento, sentí cuando las partes metales de mi pierna izquierda comenzaron a partirse.

El lugar tenía capacidad para acomodar más de 500 personas y estaba completamente lleno. Cuando sentí el cambio, entendí que la prótesis de metal que tenía en mi pierna izquierda se había roto. Los pensamientos comenzaron a correr por mi mente. Pero ¿cómo y por qué? ¡Qué vergüenza! Por un momento, esas preocupaciones intentaron tomar el control. Cuando eso sucedió, parecía que me iba a caer de cara en aquel altar tan grande. La gente corrió hacia el altar, pero no antes de notar mi caída eminente. Al parecer, en su relato, el pueblo describía a una persona o fuerza invisible que me sostenía y no me dejó caer cuando estaba a punto de besar el suelo. Luego me enderezó y me sentó, apoyando mi peso en mi pierna derecha para que no me lastimara más de lo que ya estaba herido. Mientras todos corrían hacia el altar, el Espíritu de Dios comenzó a fluir sobre todo aquel lugar. Lo primero que ocurrió fue que una mujer en silla de ruedas se levantó. Luego, otra mujer con un tanque de oxígeno comenzó a respirar por sí misma. Porque no es Nuni quien hace milagros, es Jesús.

Al presenciar todos estos milagros, le pregunté a Dios el por qué no me sanaba. Ahí estaba tirado en el suelo; ni aún podía levantarme. Ni siquiera tenía la fuerza suficiente para moverme. Sentí que todas las partes metálicas se rompieron dentro de mí. Y entonces, Dios me dijo:¿"Cómo quieres que coman los demás de lo que he puesto en ti, si no te parto en pedazos para que Yo pueda repartirte y luego todos puedan comer"? Al final de aquel movimiento tan poderoso, Dios me dijo: "Hijo, vas para el hospital porque lo que he hecho en ti es más grande de lo que piensas". Hasta este punto, yo no había sentido dolor, solo la rotura de las partes metálicas. No fue hasta que me cargaron a la ambulancia que entonces comencé a sentir un dolor intenso.

Yo no lo podía creer. Una vez más, estaba avergonzado. Al parecer todos reciben milagros, con la excepción del predicador. Cuando llegué al hospital, me ingresaron. Como ya saben, mi oncóloga y todo mi equipo de médicos, aquellos responsables de mi salud, estaban en Newark, NJ. ¿Qué iba a hacer ahora que estaba tan lejos de mi casa y solo? Al llegar el médico que estaba a punto de tratarme, sus palabras fueron: "Acabo de hablar con tu oncóloga en NJ. Ambos estamos de acuerdo. Parece ser que el cáncer te ha regresado y, es por esta razón, los componentes metálicos se han roto". Lo miré fijamente a los ojos y con gran autoridad le dije: "¡Mentira de Satanás! ¡Dios me dijo que ese cáncer jamás regresaría!" Aquel médico me miró muy sorprendido y luego me dio una sonrisa. Cruzó los brazos y me dijo: "Con razón tu doctora me dijo que tuviera cuidado con lo que te fuera a decir. Ella me dijo: "Rafael tiene una Fe muy desafiante".

Esa madrugada, después de hacerme todas las pruebas necesarias para investigar que causó la ruptura, ese mismo médico entró en mi cuarto a las 5:00 a.m. Según los registros, la última serie de placas se realizaron en el mes de febrero y documentaron que todo estaba bien. Entonces, en su opinión, lo único que podía causar tal cosa era que el cáncer había regresado. Más este médico entró, encendió las luces de mi habitación y me dijo: "Lo que te pasó fue algo bueno". Al instante, me enojé y le dije: "Recientemente yo experimenté un momento humillante frente a una audiencia de más de 500 personas, y usted me dice que el gran dolor que siento y la incapacidad de mover mi pierna es algo bueno. ¿Todo esto es bueno? No, todo esto es malo". Con lágrimas en mis ojos le decía estas palabras a aquel doctor. Entretanto, él se puso las manos sobre su cabeza y me aseguró: "Es bueno Rafael, es bueno. Porque esto comprueba que estás sano de cáncer".

Confundido, lo miré lleno de asombro y le dije: ¿"Cómo una fractura en una pierna comprueba que estoy sanado de cáncer"? ¿"No sería lo contrario"? Su respuesta me dejó sin palabras: "Rafael, en 30 años que estoy practicando medicina, nunca he visto un caso como el tuyo. Lo que te pasó, comprueba que estás sano de cáncer, ya que tú fémur, el hueso que el cáncer había tomado, comenzó a crecer de nuevo y hasta este momento sigue creciendo. A medida que crece, va rompiendo los metales de la pierna" Entonces, escuché a Dios decirme: "Dile a mi pueblo que le voy a devolver todo lo que el diablo les robó".

Llegó el momento cuando ya el hueso dejó de crecer. Después de más pruebas, ellos volvieron a abrirme la pierna, pero esta vez para sacar los metales rotos, provocados por aquel crecimiento. Me pusieron una rodilla nueva, una tibia nueva y un metal que protegiera el fémur que había crecido. Y sí, me dolió. Y sí, lloré. Sin embargo, me devolvieron lo que había perdido. Entonces, puede ser que este dolor presente ha entrado a tu existencia para anunciar el rompimiento de algo poderoso en tu vida. Sí, nos va a doler! Y sí, vamos a llorar en medio de esta prueba. Pero al final, recuperaremos todo aquello que nos habían robado. Así que párate firme y dile a tu enemigo: "Devuélveme lo que me has robado. No te lo estoy pidiendo, es una orden". Quítale hoy tus hijos. Quítale hoy tus finanzas. Quítale hoy tu matrimonio. Quítale hoy tu salud. Dile: "No es tuyo; es mío. Jehovah me las dio a mí". Toma posesión de tu vida hoy. Recupera tu vida.

Capítulo 24

¿Por qué No Se Sanan Todos?

Hace un corto tiempo atrás me hicieron la siguiente pregunta: ¿"Qué ha sido lo más difícil que has tenido que enfrentar en tu llamado"? Tal vez, ellos pensaban que les iba a contestar el cáncer. Más mi respuesta fue así: "Tener que aceptar que Jesús tiene el poder para sanar. Que Él me ha dado el don de orar por los enfermos para que sean sanos. Que me ha dado la sabiduría para que muchos vengan a Jesús; pues la Biblia dice que el que gana vidas este sabio (Proverbios 11:30). Con todo esto, lo más difícil que he tenido que enfrentar en este llamado es la realización que aunque cargo un don para milagros y salvación, no todos se van a sanar y no todos se van a salvar". Bajo una coacción, le preguntaron a Jesús: ¿"son pocos los que se salvan"? (Lucas 13:23). En otras palabras, le imponían un reto al preguntarle: ¿Si Tú eres la salvación, por qué la gente no se están salvando? La respuesta es simple, Dios le dio al hombre un bello regalo llamado libre albedrío. Significa que todos los seres humanos tienen el poder para tomar la decisión de aceptar a Jesús o decidir no aceptarlo.

Es mi responsabilidad hablarle al mundo acerca de

Jesús, pero depende de ellos si aceptan o niegan el mensaje. Siempre que alguien elige rechazar la Palabra, este regalo hermoso del libre albedrío se convierte en una maldición. En cuanto a los milagros, hay varios factores que debemos considerar. Uno de esos elementos es la falta de fe. Jesús, llegó a un lugar y en ese día ocurrieron muy pocos milagros. El narrador explica que Jesús no hizo muchas obras poderosas debido a la incredulidad de aquel pueblo (Mateo 13:58). La segunda cosa que debemos saber es si la sanidad que estamos pidiendo es parte de la voluntad de Dios para nosotros. La Biblia dice claramente que la voluntad de Dios es perfecta (Romanos 12:2). El libro de Juan establece otro verso clave:

"Y esta es la confianza que tenemos en Él, que si pedimos alguna cosa conforme a Su voluntad, Él nos oye".
(1 Juan 5:14, RVR1960)

En otras palabras, no todo lo que le pedimos a Dios en oración es parte de Su voluntad. Claro que existen ocasiones en las que no podemos renunciar a lo que estamos pidiendo hasta que Dios tome una determinación clara. Por favor, comprenda que Dios no tiene la última palabra, como algunos suelen decir; Él tiene la única palabra.

Por eso te propongo que cuando ores, siempre termines tu petición diciendo: "Señor, si está en Tu voluntad". En la Biblia, encontramos la historia de un rey, quien logró persuadir a Dios a que cambiara Su mente, después de escucharlo decir: "Ordena tu casa, porque morirás, y no vivirás" (Isaías 38:1). Debido a su suplica y habilidad en convencer a Dios, se le permitió unos quince años más. Pero esos quince años se convirtieron en los años más miserables de su vida, años en los que quiso morirse pero no podía. Por lo tanto, te podrás imaginar a Dios diciendo: "Cuando te quise llevar conmigo, me lloraste y me suplicaste que te dejara". ¿"Ahora puedes entender de qué estaba tratando de liberarte"?

La voluntad de Dios es perfecta, debemos confiar en ella no importando lo que estamos viviendo. El problema de este mundo es que creen que Jesús es un genio, en una lámpara. Si lo sobo, sale y me contesta tres deseos. Y al no recibir lo que le piden a Dios, rápido se rebelan contra Él, hasta llegar a creer que no existe. Y sí, hay cosas en la vida que son muy tristes ver. Niños que mueren. Tragedias que ocurren. La realidad es que no tengo las respuestas sobre el porqué de ellas. Solo puedo decir que creo en la voluntad de Dios y que ella es perfecta.

Había una vez una joven que conocí en un evento. Se

me acercó y me pidió que hablara con ella. Me dijo: "Tu testimonio es muy impresionante, me ha conmovido el corazón profundamente y estoy muy alegre por ti. Pero mi madre también sufría de cáncer, y yo oré y ore para que Dios la sanara, pero nunca se sanó. Murió hace un año, y tuve que enterrarla. Por favor, no lo tomes mal; me alegro por tu milagro. Pero, ¿puedes responderme el por qué Dios te ha sanado, pero no pudo sanarla a ella también? Si Jesús claramente tiene el poder para hacerlo". Le dije que me hubiera gustado tener la respuesta a esa pregunta. Pues, créame, hay personas, tales como algunos de los niños que he llegado a visitar, quienes murieron después de haber orado por ellos. En momentos así, al igual que tú, yo también me siento triste y le pregunto a Dios: ¿"Por qué, si Tú me has sanado de cáncer, no lo haces con ellos también"? Luego, por un momento, reflexiono y elijo confiar en que la voluntad de Dios es perfecta. Ahora, habiéndote dicho esto, le respondí a aquella joven: "Anhelo ver el día en el que yo pueda entrar al cielo y conocer a tu mamá. Ella me preguntó: ¿"Por qué"? Le dije: "Porque la Biblia dice que el Reino de los cielos, solo lo arrebatan los valientes (Mateo 11:12). Una vez me vi frente unas escaleras de oro. Cuando comencé a subirlas, comenzaron a temblar y no se me permitió entrar. Sin embargo, tu mamá, al enfrentarse a esas mismas escaleras, las arrebató de tal manera que no dejó que nadie la sacara y la devolviera a la tierra. Entonces, en aquel gran día le preguntaré: ¿"Cómo lo lograste"? "Porque yo no tuve la valentía para conquistarlas".

Debemos entender que Dios no solo sana cáncer, sino que también cura los corazones rotos. Así como Él reparó el corazón quebrantado de aquella joven que compartió su experiencia conmigo. Tenemos que estar conscientes de que cada uno de nosotros experimentamos milagros distintos. Algunas personas se han familiarizado con el Dios que sana cáncer y hay otros quienes conocen al Dios que sana corazones partidos, el que consuela y trae alivio. Los milagros pueden manifestarse de manera diferente, pero todos son realizados por un solo Dios. Puede ser que Dios no se haya mostrado de la manera en la que pediste, pero confía en que Su voluntad para ti es perfecta. Dios siempre será más grande de lo que hemos presenciado hasta ahora. Es mi oración que hoy, a través de las palabras de este capítulo, tu corazón roto pueda ser restaurado. Así como esta joven recibió sanidad de todas las preguntas que desgarraban su corazón. Así como Dios también me sanó del dolor causado por las muchas veces que no pude entender Su voluntad.

Capítulo 25

Alcancé La Benevolencia de Dios

En el 2014, si aprendí algo sobre el dolor en mi fémur, fue que el crecimiento, en última instancia, era responsable del dolor que sentía. Mi tortura existía solo para anunciar que había un avance. Algo grande se estaba desarrollando en mí y provocando el colapso de todo lo que me estaba reteniendo. Detrás del dolor que estás atravesando hoy, encontrarás lo mucho que has crecido. Si estás en una situación dolorosa, atrévete a celebrar; ¡Estás creciendo! Puede parecer que estás en el proceso de ser desollado, pero una versión mejorada de ti está a punto de ser revelada. Tu crecimiento va a romper toda barrera que tenga como objetivo impedir el cumplimiento de tu propósito. La madre de Moisés lo escondió en el momento de su nacimiento por temor a que el faraón lo matara. Pero él comenzó a dejar atrás su escondite, de manera que ella no podía encontrar ningún lugar donde esconderlo (Éxodo 2). Asimismo, Dios está permitiendo tu crecimiento para que ya no puedan ocultarte más. Naciste con el propósito de ser exhibido por el cielo, no para ser mantenido en secreto.

Sin ningún tipo de dolor, no puede haber crecimiento.

El dolor nos forma y nos hace más fuerte. Es como el que práctica el ejercicio por primera vez. Al principio siente mucho dolor en sus músculos y huesos, pero después de varios días descubre que sus músculos han crecido y se han fortalecido en algo grande y poderoso. Ahora, constituyen tal resistencia que pueden tolerar situaciones aún más desafiantes. Por lo tanto, el cuerpo puede resistir más, incluyendo las enfermedades. El crecimiento que tuvo lugar en mi vida superó todas mis expectativas. Era más grande de lo que realmente me pude haber imaginado. Antes de experimentar el dolor en el fémur que me hizo crecer, Dios llevaba meses hablándome acerca de una esposa. Al principio, cuando Dios comenzó a hablarme sobre esto, me negué a aceptar Su palabra. Principalmente porque en el 2011, una joven me hirió cuando le pedí que se casara conmigo. Ella no creía en el sueño que estoy viviendo hoy, así que decidió no casarse conmigo. No tenía la visión ni la Fe para aceptar la vida que llevo hoy.

Si vas a adquirir este tipo de vida, primero debes prepararte para perder mucho antes de poder ganar. Requiere una entrega total. Esta vocación te costará tiempo, familia, amistades e incluso tus finanzas. Aun así, me atrevo a decir que no era que esta jovencita no fuera una mujer de Dios. El mero hecho de ser hija de Dios no la calificaba para ser mi esposa ni mucho menos para este llamado. Mientras que todos tenemos el mismo derecho de alimentarnos del pan de vida (Jesús), debes saber que esto no significa que cada persona que coma tiene derecho a subir con nosotros en la misma barca. Sin incluir las mujeres y niños, Jesús le dio de comer a más de cinco mil hombres, pero a solo doce hombres se les permitió entrar a la barca con Él.

No quería recibir de Dios que Él me tenía una esposa. Pues luego de aquel compromiso roto, llegué a pensar que el amor ya no existía. Más adelante Dios me reprende y me dice: "No digas que el amor ya no existe, porque Yo soy amor". Le recordé a Dios de una gran señal que le había pedido en el 2012, después de la decepción de no casarme. Nunca le revelé a nadie mi señal, ni siquiera que le había pedido una a Dios.

Mucha gente les temen a la vida de soltero porque piensan que es una vida de soledad. Sin embargo, este no es el caso. He descubierto que no puedo hacer feliz a otra persona sin entender antes cómo hacerme feliz a mí mismo. Yo no puedo ser de buena compañía para los demás si no he aprendido a ser agradable conmigo mismo. En realidad, hay quienes viven en compañía de otros pero aún se sienten solos. Después de todo, nunca podrás amar a otra persona si no te amas ni te valoras a ti mismo. A medida que cada individuo logra el matrimonio, los dos se vuelven en una sola carne. Por lo tanto, la vida de soltero tiene por objetivo desarrollar una versión mejorada de nosotros mismos, la cual podemos ofrecer con orgullo. Es el tiempo para descubrir quiénes realmente somos. Además, es el momento perfecto para establecer una relación más íntima con Dios, de modo que cuando llegue el momento adecuado para unirse a aquel otro ser, podemos lograrlo en un amor puro y sincero. Cuando descubres todos estos elementos, entonces, Dios puede confiarte tu ayuda idónea.

Regresemos al 2014, unos días antes de mi incidente, donde escuché a Dios decir: "Estás a punto de conocer a la mujer que será tu esposa". Ya te podrás imaginar mi respuesta. Realmente no estaba nada de emocionado. Tenía miedo de volver a ser lastimado. Pero cuando Dios pone las cosas en movimiento, eso se convierte en Su plan perfecto y divino. Dios nunca tiene como objetivo lastimar a nadie, eso esta fuera de Su naturaleza. Al contrario, lo permite porque ha visto algo en nuestro futuro que aún no conocemos. Algo que lo tiene convencido que será de bien para nosotros.

"Porque yo sé los pensamientos que tengo acerca de vosotros, dice Jehová, pensamientos de paz, y no de mal, para daros el fin que esperáis".
(Jeremias 29:11, RVR1960)

A fines de marzo, llegué a Tampa, Fl para la cruzada "Jesús Te Sana". Ese martes por la noche, al comienzo de la misma semana en la que me creció el fémur, sentía un ambiente muy especial mientras predicaba en aquella iglesia. Cuando Dios desató el poderoso mover del Espíritu Santo, hice un llamado al altar y rápidamente se llenó. Apenas había espacio para poner mis manos sobre la gente y orar por aquellos que habían pasado adelante. Aún así, encontré la manera de moverme entre aquel público, ya que había demasiada gente. Brevemente ponía las manos sobre cada persona y declaraba el nombre de Jesús para que el Espíritu de Dios pudiera hacer el resto.

En medio de ese mover, la gente lloraba cuando les ponía las manos encima. Algunos caían al piso, mientras que otros cayeron sobre la gente que ya estaba en el suelo. Ese pequeño lugar de repente se hizo hasta más pequeño. Inesperadamente, cuando pongo mis manos sobre una joven en particular, Dios me habló en voz audible: "ESA ES TU ESPOSA". De inmediato le dije: "¡No!" Luego retiré las manos sin orar por ella. Me trasladé a la dirección opuesta para orar por otra persona, pero Dios me reprendió al decirme: "Regresa a ella y ponle las manos que hoy comenzaré a formar en ella el corazón de una esposa para que pueda darte el impulso que necesitas en tu vida y ministerio".

Mientras me acercaba, hice todo lo posible para verla, pero había demasiada gente a su alrededor. Ni siquiera pude vislumbrar su apariencia, pues estaba llorando y su cabello hermoso y largo cubría su rostro. Sin el deseo de hacerlo, me acerqué a su oído. Después de todo ¿qué le iba a decir a la pobre chica? "Dios me dijo que tú vas a ser mi esposa". ¿¡En serio!?

No sabía ni de qué color eran sus ojos ni cómo se llamaba, pero, sin embargo, Dios me puso en medio de una cita a ciegas. Así que le dije: "Hoy Dios desea entregarte algo". ¿"Estás dispuesta a recibirlo"? Ella asintió con su cabeza en afirmación. Luego, continué diciendo: "Estoy a punto de hacer una oración que no entenderás, más Dios es el que está en control, no yo". Entonces le dije: "Declaro que si tú eres la que Dios escogió para este ministerio, desde ya comienza Dios a formar el corazón de una ayuda idónea para que puedas dar el impulso que este ministerio necesita".

Cuando ella cayó al suelo, me molesté con Dios. Le dije: "No sé su nombre, ni cómo se ve la cara". Bueno, sabemos que se supone que el novio no debe ver a la novia hasta que se le permita remover su velo, justo antes del beso. Dios la mantuvo escondida detrás de un velo porque Shaina estaba reservada para mí. Él no deseaba mostrarme su bello y hermoso rostro sin presentarme primero a su espíritu. Pero sí pude observar su traje. Era muy distinto a los vestidos que usaban aquellas otras damas jovencitas. Después de varios minutos de estar en el piso, cuando finalmente se levantó, alcancé un vistazo mientras ella caminaba entre la multitud.

Solo le pude ver sus espaldas mientras ella se desaparecía entre la multitud. Oré por todos los demás, teniendo presente en mi mente la imagen de sus vestiduras. Era de la única forma en que más tarde iba a poder identificarla. Inmediatamente, comencé a sentir la obra repentina de Dios en mi corazón. Ahora estaba nervioso. ¿Qué hago ahora? ¿A quién le cuento esta experiencia? Van a pensar que estoy loco. Pues, ¿quién intentaría conseguir una novia diciendo: "Dios me dijo que tú vas a ser mi esposa". Solo a una persona desesperada se le ocurre decir tal cosa. Ya que cada vez que predico, tiendo a sudar profusamente, después de terminar de orar por aquel pueblo y tan pronto me bajara del altar, mis intenciones eran correr a cambiarme lo más pronto posible de ropa. Simplemente con solo saludar por un micrófono, ya siento las gotas de sudor que me están bajando por la frente.

Traté de cambiarme lo más rápido posible. Quería salir a ver quién era la chica del traje negro y tan largo que le llegaba hasta los pies. Cosa curiosa, cuando me bajé del altar, en camino al camerino de atrás, me encontré cara a cara con una pareja hermosa. Sin saber quiénes eran, inmediatamente los abracé y los besé mientras les decía: "Padre bendice esta pareja". Para mi sorpresa, más tarde me enteré que eran los padres de aquella joven. Eventualmente, descubrí que ellos no me conocían. Ni tan siquiera habían escuchado de mí. Pero en ese abrazo y ese beso, me apreciaron como si yo fuera su hijo. Al instante, sintieron un gran amor por mí. Entonces, aunque me cambié de ropa y me presenté lo más rápido posible, para bendición mía, la joven ya se había marchado. Salí corriendo en busca de aquel traje largo negro, solo para encontrarme que todos se habían ido.

En mi confusión y nerviosismo fui invitado a comer con los pastores de aquella iglesia. En la cena con ellos no resistí más, y les confesé que tuve una experiencia poderosa con una de sus jóvenes. Les pedí que no le comentaran a nadie mi experiencia. Para mi sorpresa el pastor me dice: "Sé de quién me estás hablando. Mientras estábamos en casa hoy, le dije a mi esposa que Shaina sería una candidata perfecta para ti y tu ministerio".

Mi reacción fue: ¿"Quién"? Continuó diciendo: "Shaina, es la única joven en mi congregación que viste con ese tipo de ropa. Ella vive muy apasionada por Dios".

Shaina... nunca había escuchado ese nombre. Busqué el significado y, para mi sorpresa, significaba belleza En hebreo, también significa Dios es misericordia. La misericordia de Dios había escogido una joven hermosa para mí, pero aún no le había visto su rostro. No conocía el aspecto tenía. Hasta ahora, yo tenía un nombre, la ropa, más no un rostro que acompañara estos detalles. La esposa del pastor la encontró en las redes sociales para que yo pudiera verla allí. El problema era que en cada foto, Shaina tenía su mano sobre la mitad de su cara con una gran "X" pintada sobre ella. Era su forma de protestar y proclamar libertad como parte una campaña en contra del tráfico de sexo humano. Pensé de inmediato: "Dios, tienes un gran sentido del humor". No obstante, le envié un mensaje a través de su red social. Por supuesto, no le iba a decir: "vas a ser mi esposa", como les dije antes, eso me haría sonar loco y desesperado. De hecho, si quieres saber exactamente cuál era mi plan, la verdad es que no tenía ninguno. Dios era el único que estaba en control de esta situación.

Mi mensaje fue sencillo. Solo le expliqué que mientras oraba por ella, tuve una experiencia; por lo tanto, deseaba ser aceptado entre sus amistades. Para mi incredulidad, no me contestó hasta el próximo día. Luego de responder a mi mensaje, intercambiamos números. Como no lograba ver bien su rostro, le pregunté:¿"Cómo es que una joven tan hermosa como tú tienes la mitad de tu rostro cubierto en todas tus fotos"? Su respuesta me maravilló al expresarme la pasión que tenía para lograr ver a las víctimas del tráfico de sexual en libertad. No obstante, me envió una foto a mi celular. Me maravillé al darme cuenta que era encantadora y más hermosa de lo que jamás me podía imaginar. Imagínate el gran alivio que sentí. Pero ¿cómo le iba a revelar lo que Dios me había dicho? Sencillo... Sin revelar nada y permitiendo que Dios ponga todas las cosas en su lugar. Entonces, antes de querer ser su esposo, me propuse a ser su amigo. Tan pronto llegamos a hablar por teléfono, sentí algo muy único, extraordinario. Fue como si nos conociéramos por toda una vida.

En nuestra conversación, ella me preguntó sobre el ministerio. Solo llevaba un año y medio desde que conoció a Cristo, por lo que no sabía en realidad qué era un evangelista ni el trabajo que requería para llegar a serlo. Cuando le compartí los deberes y la cantidad de viajes que implica, me dijo que su sueño era viajar el mundo, pero que nunca se había montando en un avión.

Claramente, pude ver la pasión que tenía por Dios. Fue genuina e inusual. A través de mi vida, he conocido muchos jóvenes criados en el evangelio, pero ninguno de ellos cargaba la pasión ni el celo por Dios que ella comandaba. Después de días de hablar sin parar, llegué a Denver, Colorado donde el fémur me creció. Ese crecimiento me costó casi cuatro meses en la cama, aprendiendo a caminar de nuevo. Pero Shaina y yo hablábamos a diario por teléfono y siempre nos enviábamos mensajes de texto. Con cada mensaje y cada llamada telefónica, mi amor por ella crecía. Cuando más triste me sentía, Dios la usaba para levantarme los ánimos. Lo único que no le compartía era lo que Dios me había dicho, o al menos pensaba que no le había dicho nada. Luego de estar casi cuatro meses en cama, por fin me recupero y Dios me abre las puertas para mudarme a Florida. Shaina y sus padres me consiguieron un apartamento muy lindo. Estaba cerca de ellos para así poder cuidar de mí en lo que terminaba de rehabilitarme por completo. Ver a Shaina por primera vez fue como estar en una película romántica. Incluso con mis múltelas, avancé hacía ella en cámara lenta, con la música romántica sonando de fondo. Su templanza no se parecía a nada que haya conocido antes en ninguna otra joven. Su sencillez me cautivó.

Noté como se comportaba con humildad y mantenía una pasión por proteger lo que le pertenece a Dios. Todos los días, ella se aseguraba que yo comiera y no me faltara nada. Shaina, incluso, me ayudó a volver a caminar otra vez por completo. En nuestra primeras citas, cada vez que salíamos, ella se convertía en mi muleta humana. La experiencia me ha enseñado que en los momentos buenos no se llega a conocer el corazón de las personas. Sin embargo, en los malos tiempos, todos los que te rodean revelarán su corazón. Noté que Shaina se había enamorado de mí, incluso sin haber recuperado mi capacidad de caminar bien. El hecho que yo no pudiera caminar bien no le importaba. Día tras día, comencé a enamorarme más profundamente sin revelar el amor que sentía por ella. A lo mejor te preguntas, ¿"y porqué no"? Bueno, yo estaba esperando la señal que le pedí a Dios en el 2012. En ese entonces, le dije: "El día en el que estés listo para darme una esposa, envíala hacia mi con una rosa roja en la mano. Como las muchachas no suelen regalar flores a los muchachos, en esto sabré que es enviada por Dios para mí".

Una tarde Shaina me dijo: ¿"Así que nos vamos a casar"? Desconcertado, la miré y le pregunté: ¿"De qué me hablas"? De repente, sacó su teléfono y me mostró un mensaje de texto que yo le había enviado desde la cama del hospital diciendo: "Anhelo ver el día que nos casemos, porque Dios me dijo que serás mi esposa". Así es, bajo la influencia de medicamentos, le dije lo que Dios había compartido conmigo y no lo recordaba. Después de todo, ella ni siquiera respondió a ese texto. Hasta ese momento preciso, nunca me había mencionado el tema. Y le pregunté: ¿"Qué quieres de mí"?" Sus palabras quedaron grabadas para siempre en mi corazón y mente. Ella me respondió: "Quiero que tu Dios sea mi Dios y tu tierra sea mi tierra. Dondequiera que vayas, allí quiero estar a tu lado, llevando el mensaje de Jesús Cristo al mundo. Quiero darte el impulso que necesitas en tu vida y tu ministerio" (Rut 1:16).

Esa noche, entré en oración. Dije: "Dios, si es ella", ¿"por qué no me ha entregado la rosa que te pedí"? Al día siguiente, Shaina me invitó a una cita. Al final de la cita, ella me acompañó hasta la puerta de mi apartamento con una rosa en la mano para mí. No pude contener las lágrimas que brotaban de mis ojos. Le pregunté por qué me entregaba una rosa y me dijo: "Llevo días orando y Dios me sigue inquietando a que te comprara una rosa. Al principio, le dije que no, porque las chicas no suelen regalar flores a los chicos". Un año después, le propuse matrimonio y el 18 de junio del 2016, Shaina y yo llegamos al altar de Dios para jurar nuestro amor eterno. Dios bendijo nuestra boda y nos proporcionó la boda de nuestros sueños. Desde la actuación del cantante Abraham Veláquez en nuestra ceremonia, hasta el carruaje de cenicienta y los caballos blancos que nos transportaron hasta la fiesta. Nuestros padrinos, Nimsy López y Micky Mulero cerraron la fiesta con Unción Tropical. Con todos estos cantantes latinos de la música cristiana, la gente nos dice que hasta el día de hoy, nunca han visto una boda como la nuestra.

Otros que están a punto de casarse dicen querer una boda así para ellos. Más me atrevo a decir que Dios nos bendijo, no tan solo porque lo honramos con nuestras vidas, sino también porque la primera invitación de boda fue colocada sobre el altar a nombre del Padre, el Hijo y el Espíritu Santo. Para nosotros, sería inútil invitar a nuestra familia y nuestros amigos más cercanos si esos tres seres, a quienes Shaina y yo amamos más que a cualquier cosa, no estuvieran presente. Principalmente porque, lo que Dios une; ningún hombre en la tierra lo podrá separar. Deseábamos celebrar un matrimonio, en lugar de simplemente tener una boda. Las bodas duran unas pocas horas, pero el matrimonio es para toda la vida. Muchas parejas trabajan incansablemente hasta el día de su boda para asegurarse de que los detalles sean exactamente cómo lo soñaron. Ignoran la responsabilidad tan importante de trabajar en sí mismos, lo que les impide contraer matrimonio con un espíritu y una mente saludable. Sobre todas las cosas, si Dios es el centro de todo, no hay manera de perder.

Días antes de la boda, Dios me habló sobre mi vida. Me dijo: "Con esta unión, te entrego dos audiencias que no has tenido nunca antes". La primera fue la audiencia estadounidense. Desde mi niñez, siempre he predicado en mi lengua materna, el español. En breve, recibí una invitación al canal de TBN Salsa. Su programa, Praise The Lord (Alabado Sea El Señor), me pidió que predicara un mensaje completo en inglés. En aquel programa televisivo, descendió el poder sobrenatural de Dios. Esa noche, al final de la programación, la audiencia que llegó testificaba de las cosas poderosas que Dios hizo a través de nuestra participación. Y desde entonces Dios me abrió las puertas para alcanzar el pueblo estadounidense y a las iglesias americanas. Como resultado, hoy día soy el animador de nuestro propio programa televisivo (Virtue) que se traduce como Virtud en español, para la cadena TBN SALSA.

Luego de unos meses de casado, Dios me entregó la segunda audiencia. Cuando Shaina y yo llegamos a Myrtle Beach en Carolina del Sur, los pastores locales nos recibieron con mucho amor y alegría. Ellos nos contaron que entre su pueblo había a una gran expectativa de milagros. También nos informaron de la pena sentían por una señora que llevaba más de un mes visitando su iglesia, pues era sorda y muda. Ella solía venir y sentarse sin entender ni una sola palabra. Pero de alguna manera, cada servicio, allí estaba, disfrutando sin comprender. Les dije: "Hoy va a entender". Con un amén, estuvieron de acuerdo y declararon que tal vez la sanaría Dios.

Es fundamental tomarse el tiempo para conocer a las personas con quiénes tú te vas a unir en la vida. Las conexiones personales pueden determinar si tu visión se acelera o permanece estancada. Hay quienes no prosperan porque mantienen relaciones incorrectas. Por esta razón, siempre debemos consultar con Dios en este asunto, sobre todo cuando se trata de un pacto que altera la vida cómo es el matrimonio. Cuando Dios favorece una asociación, ya sea entre el matrimonio, la amistad o hasta en los negocios, solo puede prosperar. Si en alguna relación, sufres de falta de prosperidad, debes saber que Dios no está envuelto en esa unión. En pocas palabras, la unión no puede venir de Dios.

Cuando inicié el sermón, tomé a Shaina de la mano y la puse al lado mío. Mientras predicaba, ella empezó a mover sus manos. No, ella no rompió en una pantomima; fue porque Shaina es intérprete de lenguaje de señas para sordos y mudos. Al darse cuenta de que el mensaje de Cristo le estaba siendo predicado a través de las manos de mi esposa vimos a esta mujer llorar. Luego noté que la mujer le respondía a mi esposa con las manos, y comenzaron una conversación. Cuando le pregunté a Shaina qué estaba pasando, ella me respondió: "Está aceptando a Jesús como su Salvador".

Si el mundo es incapaz de comprender el mensaje que sale a través de mi boca, lo apreciarán mientras miran a mi esposa. Aquella mujer no ha sido la única que ha venido a Jesús a través de las señas que salen de las manos de mi esposa. Otros, al igual, también han hecho la confesión de Fe. Incluso los sordos de alguna manera escucharán este mensaje. No podemos limitar a Dios, este evangelio será predicado hasta que todos oigan. Hoy día viajamos juntos por todas partes. Cuando se nos invita, si los cuatro no somos bienvenidos, yo a solas no puedo aceptar. ¿Los cuatro? Sí, Shaina y yo somos una carne, más el Padre, el Hijo y el Espíritu Santo.

Shaina es un regalo de Dios para mi vida. Tiene una Fe tan impresionante. A veces, hasta más que yo. Pues claro, si siempre le pedí a Dios una mujer con mayor Fe que yo. Incluso cuando se trata de este libro que estás leyendo hoy, me atrevo a decir que fue su Fe la que lo produjo, pues cuando yo negaba ser un autor, ella me recordó la promesa de Dios para mi vida. Bueno, todavía no les he contado nada sobre la mujer que llegó a mi habitación estando hospitalizado en Denver, Colorado el 18 de mayo del 2014.

Mucha gente la ignoraba y le daban por loca. En el mismo día de mi cumpleaños, vino a mí para darme una Palabra departe de Dios.

Esa mujer me dijo: "Dios ha puesto una joven en tu vida la cual Él ha escogido para ser tu esposa. Y cuando te vayas de este lugar, Dios la entrega en tus manos. Después de que entren en el pacto de matrimonio, Dios entregará también un libro en tus manos". Si estaba loca o no, no lo sé, pero de una cosa seguro estoy: las palabras de aquella mujer vinieron directamente desde el trono de Dios. Como ves, hoy vivo viajando el mundo con Shaina y usted está leyendo este libro. Shaina es muy especial. Una vez, me dijo que hubiera querido cuidar de mí durante mi batalla contra el cáncer. Yo le respondí: "Fui sano de mi cáncer, gracias también a tus oraciones". Desconcertada me dijo:¿"De qué oraciones estás hablando, si no te conocía ni sabía quién eras"? Entonces, le pregunté: ¿"Alguna vez oraste a Dios por tu futuro esposo"? Dime, ¿"le pediste a Dios que fuera tal y como yo lo soy hoy"? ¿"Le llegaste a decir: Dame un esposo"? Cuando ella me contestó, "sí", entonces le dije: "Bueno, entonces tu oración me sanó". ¿"Pero cómo"?, todavía me cuestionaba. Le aclaré, "Cada vez que tú le orabas a Dios por tu futuro esposo, en realidad le decías a Dios: Sana a Nuni, porque si no lo curas, él nunca se convertirá en mi esposo". Y bueno, aquí estoy. Encontré la benevolencia de Dios. Pues la Biblia dice:

El que halla esposa halla el bien,
y alcanza la benevolencia de Jehová".
(Proverbios 18:22, RVR1960)

Todos los días, Shaina me recuerda que el favor de Dios está conmigo. Que, no importando cuán difícil se vea el camino, juntos llegaremos al final. Que no merezco nada de lo que tengo, pero sí lo tengo, es porque la bella misericordia de Dios nos acompaña día y noche. Ella es mi escudo, pues Dios no sacó a la mujer de las espaldas del hombre. Por eso no creo en aquel dicho que dice, "detrás de cada gran hombre, hay una gran mujer". En cambio, digo que al lado todo gran hombre, hay una gran mujer de Dios. El día que llegó Shaina, mi soledad empacó sus maletas, se fue y jamás ha regresado. Vivo eternamente agradecido a Dios por ella. El mejor escudero que un hombre pueda tener es su esposa. Shaina y yo vivimos de avión en avión, no porque seamos turistas, sino porque reconocemos el llamado que Dios ha puesto en nosotros. Nuestra casa casi siempre está desocupada y la nevera vacía. Simplemente porque rara vez estamos allí, pero no importa dónde estemos Shaina y yo, estamos en casa si estamos juntos.

Cuando soltero la gente me decía: "Se te va a ir el tren". A ellos les contestaba: "Prefiero a que se me vaya el tren a qué me pase el tren por encima". Nunca dejes que los comentarios de la gente te presionen a entrar en una temporada en la que Dios mismo no te está pidiendo que ingreses. Además, tampoco debes casarte solo porque tengas luchas con la impureza sexual; el matrimonio no va a solucionarte el problema. La debilidad nunca debe ser la razón para contraer un compromiso por vida. La base del matrimonio siempre debe ser el querer formar parte de un pacto que construya algo hermoso ante los ojos de Dios. El matrimonio es una institución ordenada por Dios desde el huerto de Edén. Fue el primer ministerio que Dios le dio al hombre en la tierra.

Otros me decían: "Cásate con una joven que sepa cantar". Sin embargo, en realidad, no era una cantante lo que yo necesitaba. Lo que me faltaba era una joven que amara a Dios más de lo que me amaba a mí. Alguien con el deseo de honrar a Dios sobre todas las cosas. Alguien que ni siquiera consideraría negar el Nombre de Jesús cuando llegue el día malo. Necesitaba a una joven que me pudiera entender, porque yo soy un chico complicado. Una joven que tal vez no profetice, pero sí sabe orar. Alguien que ha dedicado su vida de todo corazón a la oración, pues la oración es la clave para una relación saludable con Dios. Hay días en los que siento una fuerza sobrenatural y luego me doy de cuenta de que Shaina está orando por mí. Tantas veces, mientras duermo, puedo sentir su mano en mi frente mientras clama a Dios por mí.

Para muchos una persona de ministerio es alguien que predica ante las multitudes, canta delante de un gran público, o alguien considerado un líder. Pero Shaina me ha mostrado lo contrario. Durante mis viajes, he conocido a ciertas personas que cantan y predican por todo el mundo, pero están más llenas de fama en lugar de oración. Cuando se ora, se toman decisiones sabias. No temo a lo que pasará el día de mañana, sabiendo que nuestro matrimonio está seguro porque Shaina ora. Su ministerio principal es la intercesión. No dudo que llegará el momento en el que ella predicará con más que sus manos. Un día Dios le abrirá su boca para que pueda hablar la Palabra de Dios. Pero hasta ese día, continuamos transmitiendo el mensaje del Evangelio a través de sus manos.

Shaina es una guerrera. Ella se para en la brecha por nosotros todos los días en oración. Sin ninguna obligación, se pone en mi lugar y dobla rodillas por los dos. Cuando llega el enemigo, se encuentra con un muro de protección, porque mucho antes de que el enemigo llegue, Shaina ha orado. Todos los días ella trabaja para reforzar ese muro. Pues "la mujer sabia es aquella que edifica su casa" (Proverbios 14:1).

Si estás en tu temporada de soltero(a), aún esperando tu pareja, ansioso(a) en conocer quien será tu esposo o esposa, no decidas de acuerdo a lo lindo que canta ni porque tiene un llamado o habilidades de liderazgo. En cambio, haz tu elección basada en su vida de oración. Porque la calidad de vida depende de la oración. Si lo haces, puedo garantizarte que tu pareja siempre va a escoger a Dios y a ti por encima de todo, especialmente cuando lleguen los días difíciles. Entonces, antes de planificar una gran boda, es mejor enfocarse en Dios y en un matrimonio exitoso, donde Dios sea el centro de todo. Recuerde siempre, la boda terminará rápidamente, pero el matrimonio durará para siempre.

Capítulo 26
Divina

Durante mi enfermedad, escuché a Dios decirme: "No basta solo con predicar". En mi mente, comencé a ver una película llena de niños tristes luchando en los hospitales con la misma enfermedad. Unos años después de salir del hospital, pude realizar "Divina: Niños Contra el Cáncer". Está es una organización dedicada a brindar alegría y sonrisas a niños diagnosticados con el cáncer. Divina es una extensión de nuestro Ministerio "Sanidad Divina". En seis años, hemos llevado sonrisas a más de 1,550 niños.

Durante el año, visitamos a diferentes niños en Estados Unidos, en especial durante la temporada navideña. Amo la Navidad principalmente porque es cuando celebramos el cumpleaños de Jesús. Dado que las celebraciones de cumpleaños están reservadas solo para los vivos y no los muertos, la Navidad también anuncia que Jesús vive. Durante la celebración de Su cumpleaños, me dedico a traer aún más sonrisas de las que llevamos durante el resto del año. Nuestro equipo, trabaja arduamente para preparar todo tipo de regalos comprados por este servidor. Durante el año, planificamos con anticipación, reservando un fondo especial para esta labor de amor. A menudo, logramos comprar los regalos exactos que los niños piden. A veces, el obsequio se convierte en un pago hacia los tratamientos médicos o para ayudar quienes luchan con pagar la hipoteca de su casa.

Gracias a Dios por aquellas personas que nos contactan para ofrecer su ayuda, brindando motivos de sonreír a niños y sus familias. Divina se convierte en un puente para hacer buenas obras. Aunque muchos desean mantenerse anónimos, yo les he nombrado Ángeles Terrenales.

Mientras sufría de cáncer, llegué a perder mi sonrisa. Entonces, hoy, hago esto porque es el único evangelio verdadero, y porque Jesús dijo:

"Porque tuve hambre, y me disteis de comer; tuve sed, y me disteis de beber; fui forastero, y me recogisteis; estuve desnudo, y me cubristeis; enfermo, y me visitasteis; en la cárcel, y vinisteis a mí".

(Mateo 25:3536)

Siento que cada vez que hago esto, estoy haciendo sonreír al mismo Jesús. Sobre todo, en todo momento mi oración es que Dios me conceda la oportunidad de hacerlo sonreír. Otra razón por la que hago lo que hago es porque creo fielmente que cada sonrisa ayuda a aliviar las cargas. A menudo, tendemos a vivir nuestros días constantemente quejándonos de lo que no tenemos mientras ignoramos uno de los hechos más cruciales de la vida; sin la salud no tenemos nada. Y si tenemos salud, entonces lo tenemos todo.

Como creyentes, es nuestro deber vivir desinteresadamente porque de eso se trata el evangelio. Jesús enseñó y demostró el principio mismo contra el egoísmo. Incluso, nos mandó a regalar nuestra única capa a ese prójimo que no tiene ninguna. El evangelio se trata de servir. Me resulta difícil entender por qué tantas personas luchan por tener un puesto dentro de las cuatro paredes de sus iglesias mientras que en los hospitales hay demasiadas posiciones abiertas. Hay todo un mundo de personas enfermas a nuestro alrededor. Si van a encontrar sanidad divina, nos tenemos que bajar de los púlpitos y una vez más, entrar en contacto con la gente.

El mismo Jesús era Nazareno, lo que significaba que Él cargaba una asignación divina. Y como tal, cargaba dicha asignación; no podía compartir el mismo estilo de vida de los demás. Uno de los requisitos especiales no le permitía asistir a los funerales, ya que no podía estar en el mismo cuarto donde hubiese un muerto, y mucho menos tener contacto con él. Sin embargo, en Lucas 7:1116, vemos a Jesús deteniendo un féretro para tocar el cuerpo de un joven muerto. Al tocarlo, aquel muerto volvió a la vida y Jesús lo devuelve a su madre. Para Jesús, el milagro era más importante que Su título de Nazareno.

El mismo Jesús dijo en más de una ocasión que aquel que sirve es el mayor de todos. Jesús no vino al mundo para ser servido, sino para servir (Lucas 22:27). Desafortunadamente, existe un mal concepto de lo que significa ser ministro. Sobre todo, la definición de "ministro" es ser un servidor. Como ministros e hijos de Dios, debemos poseer el corazón y los ojos de Jesús, mirando el mundo con mucha compasión. Siempre debemos estar disponibles a vivir al alcance de los más necesitados. Por esta razón, después de luchar contra el cáncer, Dios me impulsó a comenzar este proyecto hermoso, Divina.

En los años que Divina ha estado en funcionamiento, muchas experiencias han marcado mi vida. Entre los muchos testimonios que surgieron en las visitas a los hospitales de niños, te hablaré de dos experiencias en particular que marcaron mi vida. En primer lugar, me gustaría afirmar que el rostro de un niño que lucha contra un cáncer no tiene precio. Tales sonrisas son el motor que me impulsa a brindar el mejor servicio. En diciembre del 2014 viajamos a Gainesville, Fl. Obtuvimos acceso para visitar a más de 200 niños a través de una niña, proporcionando a cada uno un regalo hermoso de Navidad. Los miembros de nuestro equipo llegaron vestidos de ropas navideñas, listos para impartir alegría; incluso tuvimos hasta un Santa Claus. Cuando llegamos al estacionamiento del hospital, comenzamos a preparar los vagones según el orden de pisos que entregaríamos todos esos obsequios preciosos. Luego, mientras los acomodamos, escuché a Dios decirme: "Primero sube a intensivo y visita todos los niños que están allí". De inmediato le respondí, sabiendo muy bien que no tenía acceso a esa instalación: "Nadie entra a intensivo". Incluso, le recordé a Dios que donde único teníamos permiso para entrar era en los pisos de los niños que no estaban en condiciones críticas.

Tenga en cuenta que visitar a un niño que lucha contra el cáncer no es tan fácil que digamos. El hospital no solo impone muchas restricciones, sino que también está muy atento a quien será tu personal y qué tipo de obsequios les traerás. Por esa misma razón, no aceptamos donaciones de regalos. En cambio, yo, este, su servidor, y mi esposa compramos todos los regalos. También capacitamos a nuestro equipo de trabajo para que sean muy atentos y considerados con la salud de cada niño visitado, inclusive el aviso sobre las restricciones en la unidad de intensivos. Mas ahora Dios me está pidiendo algo fuera de los límites e imposible cumplir. Una vez más, le recuerdo a Dios que nuestro permiso solo nos permitirá acceder los cuartos donde los niños no se encuentren en condición critica. Luego me dijo: "Entra a intensivo porque tú tienes la llave".

Así que todo el equipo de Divina comenzó a entrar al hospital, saludando con mucha alegría a todos los chiquillos que encontrábamos en la entrada o en los pasillos. Cada niño en nuestro camino recibía algún tipo de obsequio. ¿Te imaginas los rostros de todos los que nos vieron emerger con tantos regalos? Fue aún más gratificante presenciar la transformación de las caritas tristes mientras se llenaban de entusiasmo al darse cuenta de que Santa Claus vino a visitarlos. Hasta los adultos se emocionaban al verlo entrar. Después de tomarme un momento para hablar con la persona responsable de darnos acceso a los cuartos de los niños, les dije a los voluntarios: "Vayamos primero para cuidados intensivo". Ellos me respondieron de la misma manera que yo le respondí a Dios. "No tenemos permiso para entrar". Pero yo insistí: "Vamos, pues yo tengo la llave". Existen momentos en los cuales ellos no me entienden, pero de todos modos me siguen.

Al llegar, levanté el teléfono y llamé al director de enfermería, quien es responsable de abrir y cerrar la puerta de entrada a la unidad de cuidados intensivos. Después de presentarme, me saludó amablemente y dijo: "Ministro, gracias por llegar, pero estás en el piso equivocado. Se supone que a usted le toca visitar los pisos de abajo. Aquí no pueden entrar". Luego dije: "Sí, estoy en el piso correcto. Aquí es donde me toca empezar porque yo tengo la llave". Yo me preocupé cuando me dijo: "Voy hacia dónde está usted para que puedas mostrarme la llave". Mientras se acercaba a mí, comencé a orar. "Dios, sé que me hablaste, así que ábrenos la puerta y no nos dejes en vergüenza".

Aquellas dos puertas grandes fueron abiertas por el director de enfermería. De inmediato sentí el frío que salía de aquel piso y el espíritu de tristeza que habitaba en ese lugar. De lejos, pude ver todas las habitaciones de los niños en las peores condiciones. Fue un retrato desalentador. Noté que todos los enfermeros y las enfermeras andaban con sus máscaras puestas. Entonces la duda trató de apoderarse de mí para desanimarme: "Estás loco. No podrás entrar". Mientras el director me daba la mano, él me preguntó: "Ministro, ¿de qué llave usted me está hablando"? Bajando mi cabeza, lo miré fijamente a los ojos, y le dije a Dios: ¿"De que llave me estas hablando"? En ese momento preciso, comencé a sentir un fuego intenso en mi pierna izquierda. Empecé a subirme el pantalón mientras el director de enfermería me miraba, bastante turbado. Poco a poco mientras me levantaba el pantalón, todas las cicatrices de mi pierna izquierda comenzaron a revelarse. Aún así, incluso en su confusión, el director se fijaba en cada una de mis cicatrices que me corren desde la cadera hasta el tobillo. Con confianza, declaré: "Aquí está la llave. En el 2007, los médicos le dijeron a mi madre que me iba a morir en 6 meses por un cáncer en los huesos, desarrollado por un tumor en mi rodilla. Pero Jesús me sanó". El relato de la resurrección es ineficaz si no existen heridas que nos puedan ayudar a contar nuestra historia.

Aquel hombre me miró totalmente asombrado. Su semblante cambió y sus ojos se llenaron de lágrimas. Luego de contemplar las marcas de mi pierna, miró a todo aquel equipo de voluntarios y me dijo: "Ven, sígueme". Abrió las puertas y juntos comenzamos a cruzar. Parte de la estipulación era que yo sería el único autorizado para ver a cada niño y darles regalos. Entonces, mientras yo visitaba cada habitación, el resto del equipo se quedaba en el escritorio de las enfermeras, eligiendo el mejor obsequio para cada niño. Además, el director me pidió que me pusiera una bata médica, una máscara y guantes antes de entrar en las habitaciones. Entre la visita de cada niño, también tuve que pasar por un cuarto esterilizado para lavarme las manos, cambiarme y ponerme un equipo de protección completamente nuevo. Al salir de cada habitación me tenía que quitar en un cuarto especial la túnica, los guantes y las máscaras. Veinte cuartos, veinte niños, veinte cambios. A lo largo de las veinte veces corridas, lo hice con mucho gozo y alegría. Me tomé una hora entera visitando a veinte niños en aquel piso, pero logramos alegrar a cada uno.

Yo estaba más que dispuesto a continuar con la rutina, lavarme las manos, túnica nueva, guantes nuevos y máscara nueva. Sobre todo para poder ofrecer mucho más que juguetes, ya que cada padre nos recibió con alegría en ese día, pidiéndome que orara por sus hijos antes de salir de la habitación. Como resultado, de los 20 niños que visitamos, 17 padres se comunicaron con nosotros para decirnos que desde aquella visita el niño o la niña había mejorado.

Luego nos dispusimos a visitar el resto de los niños, más de 200 de ellos. Mientras hacíamos nuestras rondas, nos detuvimos junto a una joven de unos 15 años. Este caso fue particular, ya que usualmente limitamos nuestras visitas a niños menores de 13 años. Sin embargo, la madre de esta jovencita hizo una petición especial la cual no podíamos ignorar porque todos merecemos la oportunidad de sonreír. Entonces, preparamos regalos para una joven de 15 años. Su madre me dijo que el cáncer que tenía se le había regado en su estómago. Cuando entramos a su cuarto, la joven estaba tranquila. Más al llegar hasta su cama, ella comenzó a gritar y a llorar debido al inmenso dolor que sentía. Así que ahí estaba, en su cama doblada, retorcida y gritando: ¡"Mi estómago"! ¡"Mi estómago"! Desesperada, su madre se levantó para buscar a una enfermera cuando le pedí que me diera una oportunidad de orar por su hija y ella estuvo de acuerdo.

En medio de sus gritos, le pregunté a la joven: ¿"Crees en Jesús"? Ella contestó: "A veces". Luego le dije: "Déjame orar. Señor Jesús, ella a veces cree en Ti, pero yo creo en Ti todo el tiempo. Ahora, cáncer, ¡sal fuera en el nombre de Jesús!" Al instante, la joven dejó de gritar y me preguntó ¿"Quién eres tú"? Le pregunté: ¿"Por qué"? Ella respondió: "Porque se me fue el dolor". Aquella joven se sonreía y se tocaba el vientre mientras le decía a su mamá: "Se me fue, se me fue el dolor". Entonces, respondí a su pregunta: "Me llamo Rafael, Jehová sanará y Jehová ha sanado".

Capítulo 27
El Milagro Más Grande

En 23 años de ministerio he sido testigo de milagros impresionantes. Milagros que marcaron mi vida al trazar una línea clara entre un antes y un después. Maravillas como aquella mujer en México que se levantó de su silla de ruedas. Milagros como el de la joven de Florida que había perdido su memoria en un accidente. No podía reconocer a su mamá, su papá, ni sus hermanas. Estaba llena de temor cuando me la presentaron delante de más de mil jóvenes. En presencia de todos, hice una demanda: "Espíritu de amnesia, sal de ella, ¡AHORA! ¡EN EL NOMBRE DE JESÙS!" Al instante, bajó la gloria de Dios sobre todos esos jóvenes. La joven comenzó a danzar y a hablar en lenguas.

De repente, me detuve y ordené que volviera de regreso hacia mí. Cuando llegó delante de mí, le pedí a la multitud que guardara silencio. Luego le pregunté su nombre y ella me contestó lentamente: "Loren". También le pregunté cuáles eran los nombres sus padres y ella los identificó correctamente. Cuando le pregunté por el nombre de su hermana, respondió muy bien. Así que pasé a preguntarle sobre su fecha de nacimiento, la cual ella también sabía.

Finalmente, le pregunté, ¿"Cuál es tu color favorito"? Ella me gritó:¡"AZUL"!

Milagros como ese jamás podría olvidarlo. Pero aún así, te diré que ninguno de los que mencioné anteriormente sería el más grande de todos. Tampoco lo sería si Jesús te sanara de cáncer, así como lo hizo conmigo. El mayor milagro es cuando una vida se entrega a los pies de Jesús. ¡Así es! El milagro más grande es cuando rindes tu vida al:

Caballero de la Cruz, Jesús de Nazaret.

El Hijo de Dios.

El Camino, la Verdad y la Vida.

El Cordero de Dios. La Estrella de David.

La Piedra Angular.

El Médico de Experiencia.

La Luz del Mundo.

Emanuel. YESHUA.

El problema es que a menudo, Jesús es confundido con la religión, pero no es así. Sin embargo debo decir que la religión no es algo malo, siempre y cuando proclame el Evangelio de Jesús el Cristo y lo revele como el Hijo de Dios. Esto es si conduce a otros a creer en Dios Padre, Dios Hijo y Dios Espíritu Santo. Si permanece firme en la verdad; que fuera de Él no hay otro Dios. Si anuncia que Jesús es el único camino. Y sobre todo, si predica un mensaje de paz y arrepentimiento.

El Evangelio es el puente que conecta a los hombres con Jesús, para que así Jesús pueda reconciliar a los hombres al Dios Padre. Él es la puerta al cielo (Juan 10:9). Como les mencioné en los capítulos anteriores, solo a través de Jesús podemos ser salvos. Pero para ser salvo, primero tienes que creer en Él. Tener Fe en Él. Nuestras obras no pueden salvarnos, ni tampoco podemos pagar el precio de la salvación. Jesús ya pagó ese precio por nosotros en la Cruz del Calvario. Jesús es gracia y misericordia, las cuales se otorgan a aquellos que no la merecen. Por eso los llamamos gracia y misericordia.

En Lucas 18:17, Jesús dijo que cualquiera que no sea como un niño no heredará el reino de los cielos. El Evangelio es tan fácil como leer este libro. Escribí este libro de una manera simplista porque es mi deseo que sepas que no es difícil entender el Evangelio. Jesús exige que seamos como niños. En otras palabras, que puedas tener la Fe que ellos poseen. Cuando los niños juegan, usa su gran imaginación. A través de la creatividad, se transportan a cualquier lugar donde quieran estar. Un niño puede comenzar en el cuarto de su casa hasta abrir sus ojos y encontrarse en un castillo con una gran espada en la mano, luchando frente a un dragón feroz, dándole ordenes a un poderoso ejército.

Por supuesto, cualquiera que entre en la habitación de ese niño rápidamente se dará cuenta de que el niño está en su cuarto, justo enfrente a su cama, y no en un castillo frente a un dragón. Podría estar liderando la carga ferozmente con la escoba de su mamá, ordenando a los soldados valientes que lo acompañan, pero de nuevo, cuando examinas la realidad, el niño no tiene ni una espada en la mano ni un ejército con él. Es más, está solo en su cuarto, a pesar de que su Fe le dice lo contrario. Su Fe le asegura que está lejos de ese territorio. Su Fe también le informa que ha llegado a la puerta del castillo y necesita matar al dragón antes de entrar. Ese tipo de Fe es lo que Jesús quiere que tengas. Vivir con la confianza de que, sí, hay un palacio que nos espera en el cielo. Tener por seguro que hay un dragón, pero Jesús ya lo venció. Que así como un niño cree plenamente en Santa Claus, así Dios desea que tú creas en Él. Pero de tal manera que nada ni nadie pueda persuadirte de lo contrario. Dios quiere que creas en su Hijo Jesús, de todo corazón, para que cuando llegue el día malo, el enemigo no tenga la oportunidad de convencerte de que Dios no es real.

Una tarde, un joven rico se acercó a Jesús y le preguntó qué tenía que hacer para ser salvo (Marcos 10:1730). Jesús le contesta que debe cumplir todos los mandamientos. Además, le dice que debe vender todo lo que posee para dárselo a los pobres. Esta respuesta entristeció al joven rico. Tal vez pensó que con ese dinero podría comprar su camino a la salvación. Sin embargo, Jesús es el dueño del oro y la plata, entonces, ¿qué necesidad de dinero tiene? Jesús no desea tus riquezas. Él va detrás de tu corazón. En cambio, este joven rico se fue de allí decepcionado con Jesús porque Él requería un cambio de estilo de vida. Significaría renunciar a fiestas excesivas y borracheras. No importa cuánto inviertas, tu dinero nunca te comprará un boleto al cielo; solo puedes acceder siguiendo a Cristo. Aquel joven quería pagar una tarifa para ser salvo sin tener que seguir a Jesús. Su renuencia a abandonar las cosas que él consideraba más valiosas llevó a Jesús a hacer la siguiente declaración: "Es más fácil que un camello entre en el ojo de una aguja, a que un rico entre en el Reino de los Cielos". En esencia, declaró que se necesita un milagro para que alguien deje su estilo de vida pecaminosa para seguir a Jesús. Por lo tanto, digo que el milagro mayor no es la sanidad de un cuerpo, es la sanidad del alma.

Por esta razón, Juan el Bautista decía: "arrepentidos y convertidos" (Hechos 3:19). Mientras se vive en un estilo de vida de pecado, no se puede decir que crees en Jesús. Si alguien realmente cree, su Fe lo lleva a querer vivir una vida que le agrade a Él. La misma Fe en Jesús nos motiva a dejar todo atrás, para seguirle. Hay quienes dicen que solo Dios los puede juzgar. A menudo toman decisiones malas y se ofenden fácilmente cuando escuchan la Palabra de Dios predicada porque no desean ser confrontados. Pero Dios no nos ha entregado el evangelio para hacernos sentir bien. El evangelio está diseñado para salvarte, pero primero tienes que ser confrontado para que eso suceda. De manera que el evangelio señalará todo lo que está impidiendo el milagro de tu alma. Por encima de todas las cosas, el evangelio es una buena noticia que proclama la oportunidad de ser salvo a través de Cristo Jesús. Otros dicen que tomarán la decisión cuando estén listos. Pregunta: ¿Y cuándo será eso? ¿Cuándo estarás por fin preparado para aceptar a Jesús y dejarlo todo por seguirle?

Mi pregunta para aquellos que deciden que solo Dios los puede juzgar es: ¿Y eso no te da temor? ¿No te das cuenta de que Dios conoce las intensiones del corazón? Este asunto no se trata de ser perfecto, porque ningún ser humano podría serlo jamás. Se trata de justicia. Un hombre justo es un ser imperfecto que sirve a un Dios perfecto. Si el justo con dificultad se salva, ¿en dónde quedarán el impío y el pecador? (1 Pedro 4:18, RVC). Hay otros que tienden a honrar a Dios con su boca: "Dios sabe cuánto lo amo", dicen.

Sin embargo, los detalles de sus hechos niegan su amor por Él. Pues aquel que ama no insiste en ofender a quien dice amar. Y aunque algunos pueden insistir en que aman a Dios, lo insultan a diario con su estilo de vida. No es suficiente honorar a Dios con tus palabras. Jesús dijo: "Este pueblo de labios me honran, pero su corazón está lejos de mi" (Mateo 15:89, RVC). Esta escritura implica que no podemos servir a Jesús solo por apariencia. Tenemos que vivir el Evangelio en espíritu y verdad (Juan 4:23).

En una ocasión, visité a una persona con cáncer la cual estaba comprometido a un estilo de vida de fiestas, borracheras, fornicación y adulterio. Cuando fui a orar por esta persona, Dios me impulsó a preguntarle para qué deseaba ser sanado. La persona guardó silencio. No supo qué responderme, así que agregué: ¿Por qué quieres estar saludable? ¿Para festejar de nuevo? ¿Para seguir en fornicación? ¿Para reanudar la vida sin Jesús? Lo dije antes, y lo repetiré nuevamente: No podemos desear a Jesús únicamente por los beneficios. Podemos pensar y cuidar de la salud para nuestros cuerpos, pero ¿qué decimos sobre la salud de nuestra alma?

El alma que no tiene a Jesús está enferma de pecado. Entonces, al morir en la tierra, será llevada al infierno (esta es la muerte segunda). Tal vez, al ver la palabra CÁNCER en la portada de este libro, fuiste inspirado a leerlo en búsqueda de un milagro. Permítame ahora proponer esta pregunta: ¿Qué prefieres, estar sano en tu cuerpo o ser sanado del alma? Si tuvieras que tomar una decisión hoy, ¿cuál escogerías? Consideremos que la vida aquí en la tierra es un momento breve, más la eternidad dura para siempre, ¿preferirías el milagro para el cuerpo o el milagro para el alma?

La Biblia nos manda a detenernos en el camino y preguntarnos sobre la senda antigua (Jeremías 3:16). Hoy, te exhorto a que te detengas. Reflexiona en tu camino. Quizás, si necesitas un milagro en tu cuerpo, pero el milagro del alma es superior al milagro del cuerpo. Y sí, Dios puede sanar tanto el alma y como el cuerpo. De nuevo, te pregunto cuál elegirías; un milagro para vivir en el momento o el milagro para prosperar en la eternidad. Pues Dios puede sanar tu cuerpo pero llegará el día en el que tendrás que morir. Es la ley natural de Dios que los hombres deben morir una sola vez y después venga el juicio (Hebreos 9:27). ¿A dónde quieres que viva tu alma para siempre? Si eliges el milagro de tu alma, te invito a repetir hoy con fe esta oración:

Señor Jesús, vengo ante Ti reconociendo que eres El Hijo de Dios, enviado a la tierra para morir por mis pecados. Qué moriste, más al tercer día resucitaste de entre los muertos. Hoy me arrepiento de mis pecados. Renuncio a todas mis transgresiones ocultas y vergonzosas. Límpiame de todas mis iniquidades. Al lavar mis pecados con Tu sangre que esa misma sangre también sane mi alma. Escribe mi nombre en el libro de la vida. Que jamás sea borrado. Hoy abro las puertas de mi corazón a Ti Jesús. Dame Tu Espíritu Santo para que me guíe a toda verdad y justicia, y me enseñe a vivir una vida que te agrade. En el nombre de Jesús, Amén.

Si repetiste esta oración con Fe, ¡felicidades! Tu alma ha sido sanada. El milagro más grande ha ocurrido para ti. Ahora eres parte del Cuerpo de Cristo. Así que te aconsejo que busques una iglesia que predique el Evangelio. Del mismo evangelio que has leído en este capítulo.

Consiga una Biblia y pídale al Espíritu de Dios que te enseñe a entenderla. ¡No pierdas la fe!

JESÚS TE SANA…

Capítulo 28

No Moriré, Sino Que Viviré

"No vivirás para ver tu Cumpleaños" En diciembre del 2007, esas fueron las palabras del médico. Según aquellos expertos mi capacidad de vivir no excedería más de seis meses. Pero el 18 de mayo del 2008, en un hospital, aunque luchando contra el cáncer, logré ver mi cumpleaños número 23. Ese día me sirvió de inspiración y motivación. Comencé a creer, si conseguí ver mis 23 años, entonces puedo llegar hasta los 100. En el verano del 2008, fui sanado. En septiembre del 2008 me enviaron a casa con todas las pruebas de que ya estaba sano. No para morir, sino para vivir. Por lo tanto, para mí, cada cumpleaños tiene un gran significado. Mucho más que todos mis cumpleaños antes del cáncer. En cada celebración me aseguro recordarle al cáncer que todavía estoy vivo. Que Dios ha añadido otra vela más a mi pastel de cumpleaños. Le traigo a la memoria, "cáncer, fracasaste el día que te empeñaste en matarme".

Al principio los médicos decían que el cáncer volvería en cualquier momento. Pero han pasado 10 años desde que ese cáncer murió. En vez de matarme a mí yo fui quien lo exterminé a él. Solo a través de Jesús lo pude lograr. ¡El cáncer está muerto! Ya no existe más, ni en mi sangre, ni tampoco en la sangre de mi descendencia. El cáncer se llevó a mi abuelo Don Félix Padilla, pero no se pudo llevar a Rafael (Nuni) Cuevas Jr. ¡Fui escogido! Seleccionado para detenerlo, una vez y por todas. Para forzar esta enfermedad a rendir el poder de llevarse a uno más de los que están conectados a mi sangre. Dónde otros fracasaron, yo pude triunfar. "Porque todo lo puedo en Cristo que me fortalece" (Filipenses 4:13). Tú también vas a triunfar. Tú también vas a ganar. Fuiste escogido, no para cargar una maldición, sino para destruir esa maldición.

Muchos me han dicho: "Felicidades por haber sobrevivido el cáncer" Y les contesto: "No solamente sobreviví el cáncer, ¡Jesús me sanó!" Cuando sobrevives algo, es probable que en la vida lo vuelvas a tener que enfrentar. Y si no tú, uno de tus descendientes lo tendrá que vivir. Y la historia se vuelve a repetir. Pero cuando Jesús te sana, te posiciona nuevamente en tu estado original y jamás regresa esa enfermedad. Jesús, no solamente cura tu aflicción, sino que también sana tu corazón. Hay quienes sobreviven cosas horrendas en la vida pero jamás son los mismos. Constantemente existen con su trauma. Algunos, incluso pierden la mente y se convierten en prisioneros, no por el horror que sufrieron sino por el impacto emocional que permanece sobre ellos.

Mientras cenaba en un restaurante con algunos ministros, la mesera escuchó que conversábamos acerca del proyecto de este libro. Ella era una señora avanzada en edad. Al escuchar que fui curado de un cáncer terminal y notar las cicatrices en mi pierna, me dijo que nunca había conocido a alguien sanado de cáncer. Luego me preguntó cuánto tiempo había pasado desde que estaba saludable. Cuando le informé que fue aproximadamente diez años atrás, sus ojos se llenaron de lágrimas. Pidiendo abrazarme, dentro del abrazo me decía: "Yo no soy doctora, pero mientras te abrazaba se me erizaba la piel y debo decirte, si el cáncer no ha regresado en diez años, jamás volverá. ¡Vuela, alto!"

Somos la vivencia de Dios en la tierra. Existimos como cartas abiertas para que el mundo las lea (2 Corintios 3:24). No hay quien escuche esta historia y se mantenga sin palabras. Mientras camino por el mundo algunas personas me dicen: "Él luchó con Dios y los hombres y ganó". Pero no luché contra Dios. Luché a Su lado; por eso gané. Los seres humanos están inclinados a pelear a solas; sin embargo, con tus propias fuerzas no lo podrás lograrlo. Tienes que creer en Jesús. Mi vida es evidencia de que Dios es real. Que los milagros existen. Que nada es imposible para el que creé

(Marcos 9:23). Hoy, mi milagro sirve contra la incredulidad de este mundo. Tu milagro también ayudará a otros a tener Fe de la misma manera. Su testimonio liberará a alguien. Si puedes liberar a una sola persona con tu historia, entonces valió la pena vivir aquel dolor.

Por muchos días largos pensaba que nunca saldría de aquel hospital; que nunca me sanaría de ese cáncer. Escuché a Dios decir que me iba a sanar pero mis ojos me mostraban lo contrario. Sin embargo, a pesar de lo que vi, creí, porque no caminamos por vista, sino por Fe (2 Corintios 5:7). A menudo quería dormir durante el cáncer, ya que en mis sueños no podía ver mi realidad. Cuando estaba despierto, todo lo que contemplaba era mi enfermedad; sin embargo, aparecía en perfecta salud dentro de mis sueños. Siempre que me acostaba a dormir salía soñando que estaba predicando. Al despertar, estaba de regreso en un cuarto de hospital recibiendo quimioterapia. Otra vez volvía a dormirme, soñando que estaba predicando y viajando el mundo. Esta emoción duraba hasta despertar, encontrándome en la misma habitación hablando con mi oncóloga, recibiendo peor noticias. Una vez más, tan pronto que regreso a dormir, me encuentro soñando que estaba viajando por el mundo, predicando a miles de personas. Yo le decía a las multitudes: "No moriré, sino que viviré". Esa vez cuando desperté estaba en mi escritorio frente de mi computadora escribiendo este libro hermoso con la esperanza de liberar a alguien y celebrar a Jesús.

Hay días que rehúso dormir. Finalmente, mi realidad se ha convertido mucho mejor que mis sueños. En aquel hospital, tomé una decisión. Determiné creerle a Dios y volver a tomar mi vida. Le dije al cáncer: "Basta ya de robarme lo que es mío. ¡Devuélveme mi sonrisa! ¡Devuélveme la salud! ¡Devuélveme la vida! No te lo estoy pidiendo, esta es una orden". Hoy publico este libro por cada vez que el diablo me decía: "No volverás a predicar". Lanzo esta obra de arte por cada lágrima que lloré aislado en aquel cuarto de hospital. Lo manifiesto por escrito a causa de todas las veces que los médicos me decían que aceptara mi realidad; que yo no iba a vivir. Difundo estas páginas por aquellos que estaban esperando la noticia de mi muerte. Hago notorio estos hechos por las muchas semanas largas de quimioterapia. Públicamente comunico estas palabras en vista de todas las noches que yo me amanecía vomitando, por aquel veneno que entraba en mis venas. Saco a la luz esta literatura en consecuencia de aquel día que perdí mi cabello y mis cejas. Procedo con esta composición considerando el día que me sentaron en una silla de ruedas para informarme que jamás volvería a caminar. Publico este libro por cada momento que sentía mi alma saliendo de mi cuerpo, cuando todo se veía en blanco, mientras a lo lejos escuchaba la voz de mi hermanita Fanny que me decía:¡"Nuni, quédate conmigo. No te puedes morir todavía"!

Quiero que el mundo sepa que Rafael (Nuni) Cuevas Jr. todavía está aquí. En un mundo donde cada uno opera en su verdad yo viviré hablando, no de mi propia verdad, sino de la única verdad que solo se encuentra en Cristo. En esta cultura moderna, nadie se avergüenza denotar lo que son. Cada uno habla conforme a su perspectiva, esperando que todos escuchen y la acepten. Pues hoy me paro firme en la brecha para anunciar: "Jesús te sana" ¡Hay poder en la Sangre de Cristo! Todavía Dios está en los negocios de los milagros.

He sido contactado por muchas organizaciones de cáncer. Con frecuencia me han pedido escribir un artículo para sus páginas. Sin embargo, al leer que todo el crédito de mi milagro se le doy a Jesús de Nazaret, deciden no publicarlo. Así que para ellos también expongo este libro. No me voy a quedar callado. Jesús me dio vida y vida en abundancia. Si antes del cáncer existía para Él, ahora después del cáncer viviré con aun más razones y motivos. El evangelio no nos dirige a la vergüenza. Este evangelio es poder para todo el que cree (Romanos 1:16).

Me río duro a donde quiera que voy, hasta el punto que puedes escuchar mi risa, incluso, a una milla de distancia. Ahora vivo mi vida amando con mucha pasión. Siempre se lo expreso a todos aquellos que amo. Si hablamos por teléfono no termino la conversación sin antes decir: "Te amo". También me encuentro llorando a cada rato, no por dolor o tristeza, sino porque sé que se supone que no debo estar aquí. Tiendo a llorar por cada logro de mi vida, ya que todo lo que he conseguido es gracias a Jesús. Generalmente, me critican por este razonamiento. Algunos no entienden mi manera de vivir, pero, después del cáncer, siento que he nacido de nuevo.

El 18 de junio del 2016, segundos antes de que comenzara mi boda todo estaba listo. Los caballeros esperaban en el altar. Enviaron a alguien a buscarme para que pudiéramos comenzar la ceremonia. Mientras salía de la oficina hacia el altar, me di la vuelta y volví corriendo a la oficina. El Evangelista Micky Mulero (Pai) y su Esposa, la Adoradora Nimsy López (Mai), me tomaron en sus brazos.

Tal vez por un segundo llegaron a pensar "Nuni se quiere escapar de su boda", pero no era así. Regresé corriendo porque no pude creer que estaba vivo y a punto de casarme con la chica de mis sueños. De momento, al ver aquella hermosa iglesia llena de gente y flores bellas, pensé que estaba de vuelta en el hospital. Que solo estaba soñando, y en cualquier momento iba a despertar en la habitación del hospital. Mas al sentir el abrazo de Micky (Pai) y Nimsy (Mai) me di de cuenta que yo no estaba soñando. Que yo no estaba enfermo. Yo estaba vivo y sano. Entonces exclame: '¡Oh gracias Dios! ¡Se supone que yo esté muerto! ¡Se supone que esté muerto! ¡Gracias Dios! ¡Estoy vivo!' Aquel momento fue tan especial que ellos tambrén lloraban conmigo y daban gracias a Dios mientras oraban por mí en aquella oficina.

He aceptado el hecho que no todo el mundo va a comprender el porqué vivo de la manera en la que vivo, ni la causa por la cual predico de la forma en la que predico. He llegado a la siguiente conclusión; no les corresponde a ellos entenderlo; sin embargo, soy yo quien debe comprender y siempre debo reconocer que todo, lo que poseo, lo tengo a través de Jesús. Sin Él, por mi cuenta, nunca tendría la capacidad de poder lograr mi estilo de vida. Después de todo, no necesito que me entiendan, necesito ser escuchado. Existen momentos memorables como cuando me encuentro en un altar y la presencia de Dios se siente con fuerza. En ocasiones como estas el público se dedica a la adoración; algunos gritan, otros corren, saltan e incluso lloran. En esos instantes, doblo mi rodilla buena y en lágrimas doy gracias a

Dios por darme la vida. A veces prestando poca atención al público frente a mi, hago un gesto de lanzar un beso hacia arriba y hacia Dios. En esos momentos tal vez la audiencia no pueda escuchar lo que sale de mi boca mientras alejo el micrófono de mis labios. Como lo sucedido en Puerto Rico, en el Coliseo Roberto Clemente cuando, en medio de aquellos gritos, frente a miles de personas, di un beso a Dios y le dije: "Gracias por darme la vida. Gracias por acordarte de mí". Yo no merezco lo que tengo. Pero mientras viva, viviré en agradecimiento a Dios, celebrándole, como Él se lo merece.

El cáncer me hubiera matado cuando tuvo la oportunidad, pero me dejó con vida. Así que paso la vida sin temor. Sin preocuparme por lo que traerá mañana. Porque después de haber sobrevivido un episodio como el del cáncer, me atrevo a decir que nada de lo que enfrente será más fuerte o más espantoso. Por eso vivo con la cabeza en alto y siempre dando la Gloria a Dios. No existo intentando ser aceptado por los hombres. Incluso nuestro amado Cristo no fue apreciado por todos los hombres. Aún así, Él nos anima al decir: "Bienaventurado eres cuando por mi causa seas vituperado"(Mateo 5:1112). Así que agradezco, incluso, a todos aquellos que en algún momento no creyeron en mí. Los incrédulos también tomaron parte en la publicación de este libro. Quienes te rechazan desconocen esta verdad; cuanto más te desprecian más el cielo se mueve a tu favor. No obstante, no me concentro en aquellos que no me aceptarán, más bien, mi enfoque está en aquellos que me recibirán. Al igual que la joven que una vez me dijo: "Al escuchar tu testimonio recibí Fe para mi enfermedad y yo también fui sanada". Lo que más importa son las almas que rinden sus vidas a Jesús por medio de tu llamado. Se trata de personas inspiradas a aceptar una palabra de Dios a través de ti. El Señor me dio esta vida para tales personas; ellos son el propósito de mi existencia. Y sí, confieso que hubo un tiempo en que lloré por la falta de aceptación de líderes y la gente que pensaba que eran más importantes que yo. Sin embargo, Jesús, el mas importante de todos, Él nos acepta tal como somos. Si el cáncer no pudo incapacitarme, el rechazo de la gente tampoco me detendrá.

No me arrepiento de haber pasado por aquel cáncer. Si pudiera retroceder el reloj antes del cáncer, a un momento en el que Dios me preguntaría, ¿quieres pasar por esta prueba? Diría que sí a revivir todo lo que he soportado. Ahora entiendo que cuando el cáncer pensó que me estaba destruyendo, Dios me estaba fortaleciendo. Fui yo quien estaba eliminando ese cáncer. Al contemplar todas las cosas hermosas que hoy estoy viviendo, me digo a mí mismo: "Si me hubiera dado cuenta de lo que realmente estaba sucediendo, no hubiera llorado tanto en mi enfermedad". Pero mis lágrimas fueron como lluvia sobre la cosecha que disfruto hoy y un lente de revelación. Dios tenía el poder para sanarme al instante, durante mis primeros dolores o me pudo haber sanado desde el momento que me diagnosticaron con cáncer. Aún así, quería enseñarme cuanto yo era capaz de soportar. Lo permitió para demostrarme que aunque Él tiene poder para callar la tormenta, siempre que elige no silenciarla, es porque estoy aprendiendo a vivir en medio de ella.

El evangelista Billy Graham, conocido como el Pastor de América y de sus Presidentes dijo una vez: "Algún día leerás o escucharás que Billy Graham está muerto. No creas una palabra de eso. Estaré más vivo de lo que estoy ahora. Solo habré cambiado mi dirección. Habré ido a la presencia de Dios". Hoy te repito lo mismo. El día en que digan en las noticias o en las redes sociales, Rafael (Nuni) Cuevas Jr. ha muerto. ¡No lo crean! Porque estaré más vivo que nunca. Anhelo el día en el que pueda abrazar a Jesús, besarle y decirle: "Gracias". Deseo estar delante de Él cara a cara. Mientras espero ese día, aquí les dejo con estas palabras: El cáncer no puede escribir mi historia, pero la puede leer. Porque ya Dios la había documentado por mí, aun mucho antes de mi existir. El Salmista dijo:

"Mi embrión vieron tus ojos, y en tu libro estaban escritas todas aquellas cosas que fueron luego formadas, sin faltar una de ellas"
(Salmos 139:16, RVR1960).

Dios ha escrito un libro sobre mí, así como ha escrito uno sobre ti. La buena noticia es que no termina en nuestra derrota. ¡Ganamos! Se aproxima una gran victoria para nuestras vidas. Si está leyendo este libro, es porque Dios lo ordenó. Él lo estableció así que vas a triunfar. Esto no será tu fin. La Biblia lo afirma; "Porque para aquellos que le aman, todas las cosas les ayudan para bien" (Romanos 8:28). Tu prueba no acabará contigo, tú acabaras con tu prueba. No debería de haber preocupación para aquellos que estamos en Cristo. Sobre todo, el cáncer o cualquier enfermedad puede matar tu carne, pero no te puede matar el alma.

En la vida todo tiene su final. Pero para mí, esto es solo el comienzo…

"No moriré, sino que viviré, y contaré las obras del Señor"
(Salmos 118:17, RVR1960).

A CONTINUACIÓN…
¡Oye Cáncer! ¡Sigo Ganando!

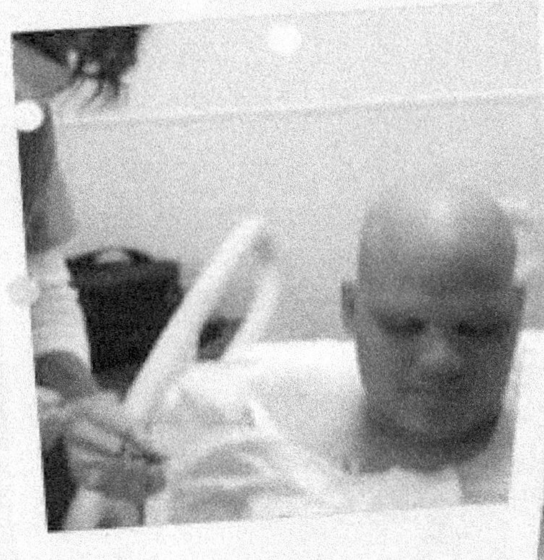

Batalla con cancer

Quimoterapia

2008

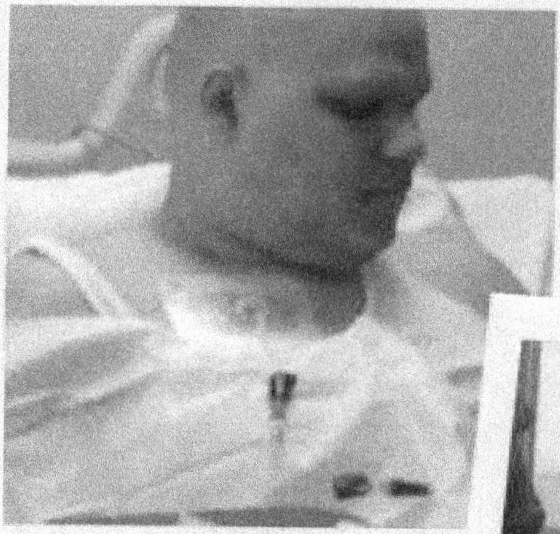

Primer "Jesús te Sana" 2011
(Newark, NJ)

La Senda Antigua
(Apóstol Wanda Rolón,
Toa Alta, PR) 2015

El Shadai (Aniversario) 2017
(Rochelle, NJ)

"Jesús te Sana" 2012
(Guatemala)

Coliseo
Roberto Clemente
(Puerto Rico) 2015

Invitado por Micky Marlere
y Nancy López

Boda

18 de Junio, 2016

Rafael y Shaina Cuevas

Entrevistando Pastor Jonathan Miller en el programa "Virtue"

Interviewing Profeta Antonio Burroughs en el programa "Virtue"

TBN Salsa "Praise The Lord" con Pastor ED Ramirez

En la carpeta roja del programa "Virtue"

OYE CANCER, ¡Sigo GANANDO!